BUSINESS LOGIC AND COGNIZANCE
商业逻辑与思辨

曹朝洪 主编

杨志翔 宋洋 王玲婷 编

东华大学出版社·上海

图书在版编目(CIP)数据

商业逻辑与思辨 / 曹朝洪主编;杨志翔,宋洋,王玲婷编. —上海:东华大学出版社,2021.8
ISBN 978-7-5669-1954-0

I.①商… II.①曹… ②杨… ③宋… ④王… III.①商业经营—高等学校—教材 IV.① F715

中国版本图书馆 CIP 数据核字(2021)第 160548 号

商业逻辑与思辨

曹朝洪　主编

杨志翔　宋洋　王玲婷　编

策　　划：巴别塔工作室
责任编辑：沈　衡
版式设计：顾春春
封面设计：903design

出版发行：东华大学出版社
社　　址：上海市延安西路 1882 号，200051
出版社官网：http://dhupress.dhu.edu.cn/
出版社邮箱：dhupress@dhu.edu.cn
淘宝店：http://dhupress.taobao.com
天猫旗舰店：http://dhdx.tmall.com
发行电话：021-62373056
营销中心：021-62193056　62373056　62379558
投稿及勘误信箱：83808989@qq.com

印　　刷：常熟大宏印刷有限公司
开　　本：710 mm × 1000 mm　1/16
印　　张：8.5
字　　数：142 千字
版　　次：2021 年 8 月第 1 版　2024 年 7 月第 5 次印刷

ISBN 978-7-5669-1954-0
定价：45.00 元

前言

《商业逻辑与思辨》主要针对高校（尤其文科类高校）大学生的特点，以深入浅出的方式讲述和探讨商业相关概念和常识，以期培养大学生基本的逻辑与思辨能力。本教材也可供需了解经济和商务基本概念和常识的人士使用。

自20世纪以来，中国社会和经济经历了前所未有的大变化，伴随量子通信的出现、"互联网+"经济的繁荣、新能源产业的发展，新的经济形势和商业模式也对高校人才培养提出了新的要求。"新文科"背景下高校（尤其文科类高校）大学生不仅需掌握诸如文学、心理学、教育学等本专业的相关知识与能力，也需掌握一些基本商科常识，具备基本的商业逻辑和思辨能力，以便毕业后能快速适应和融入当今经济社会，为新时代中国经济的发展服务。目前市面上经济学、管理学等相关商科类教科书很多，但大多较为专业，标准的学院派风格让非商科专业的学生望而却步。区别于传统商科类教材，本书针对高校（尤其是文科类高校）大学生的特点，以"新文科"背景下的通识教育为出发点，不追求商科知识的大而全，以较多的案例来分析和探讨一些商科基本常识，以期培养学生基本的商业逻辑与思辨能力。

本书特点：

1. 深入浅出，浅显易懂。本教材定位于非商科专业学生使用的通识教材，讲述市场营销、管理学、财务金融、运筹学的基础知识与理论。我们每个人日常生活中面临的消费、购房、投资、理财、教育、医疗、就业、谈判、营销、管理乃至人际交往、职场竞争、婚姻幸福等问题，多与经济学、市场营销、管理学、财务金融、运筹学等密切相关，而了解和掌握基本的商学常识，具备基本的商业逻辑与思辨能力，有助于大学生毕业后的快速就业或创业。

2. 内容丰富，难易适中。本书采用"模块化"的框架形式，内容丰富，同时遵循"必知、必需、够用"的原则，每章讲解适量的、难度适中的知识点，不搞大而全。

3. 具备传统教材优势，兼顾能力培养。本书有市场营销、管理学、财务金融、运筹学四个模块，共十六章。本书尊重专业也重视"实用"。书中汇集大量案例，并配有扩展知识点，每章均配有思考题、实训题、案例分析题等不同形式的练习题，便于教师开展案例分析、分组讨论、对策谋划、书面报告、随堂考查等灵活多变的教学方式，通过对知识的强化和训练，增强能力的培养！此外，每章配有"扩展阅读"栏目，以帮助学生进一步扩展知识面，促进学生融会贯通、学以致用。

本书由多位一线相关专业课教师参与编写。在编写过程中，参考了大量专业书籍和文献资料，力图培养学生基本的商业逻辑与思辨能力。因涉及知识浩瀚，且时间仓促，不足之处在所难免，欢迎同行批评指正，以便完善和改进。

本书编写组
2021 年 5 月

目录

1	绪	
3	第一单元	市场营销
4	第一章	"没有调查就没有发言权"
11	第二章	目标与定位
20	第三章	产品定价有学问
33	第四章	广开销售渠道
43	第二单元	管理学
44	第五章	决策决定出路,战略塑造成功
55	第六章	组织的骨架和精神——组织架构与组织文化
66	第七章	卓越领导,激励人心
77	第八章	沟通防冲突,控制促绩效
85	第三单元	财务金融
86	第九章	会计三张表,看懂企业在忙什么
93	第十章	有效投资,助力完成小目标
98	第十一章	金融市场
103	第十二章	汇率与资本市场
108	第四单元	运筹学
109	第十三章	线性规划不神秘
113	第十四章	直面风险与概率
117	第十五章	秒懂博弈论
121	第十六章	做好时间管理,理清目标规划
125	参考文献	
127	后记	

绪

知识多元化的时代，多学科交叉与融合已不足为奇，社会对复合型人才尤其是复合型商科人才的需求使得文科学生倍感压力，文科生要获得商科知识，需要耐心学习具体的商科知识，更需要掌握商科的精髓：商业逻辑与思辨能力！

"博学而笃志，切问而近思，仁在其中矣。"本书奉有大量真实案例，希望通过讨论、分析，进行思想和智慧的碰撞，使学习者掌握商科的精髓，了解商业的基本逻辑，提升理性思辨能力。

第一单元

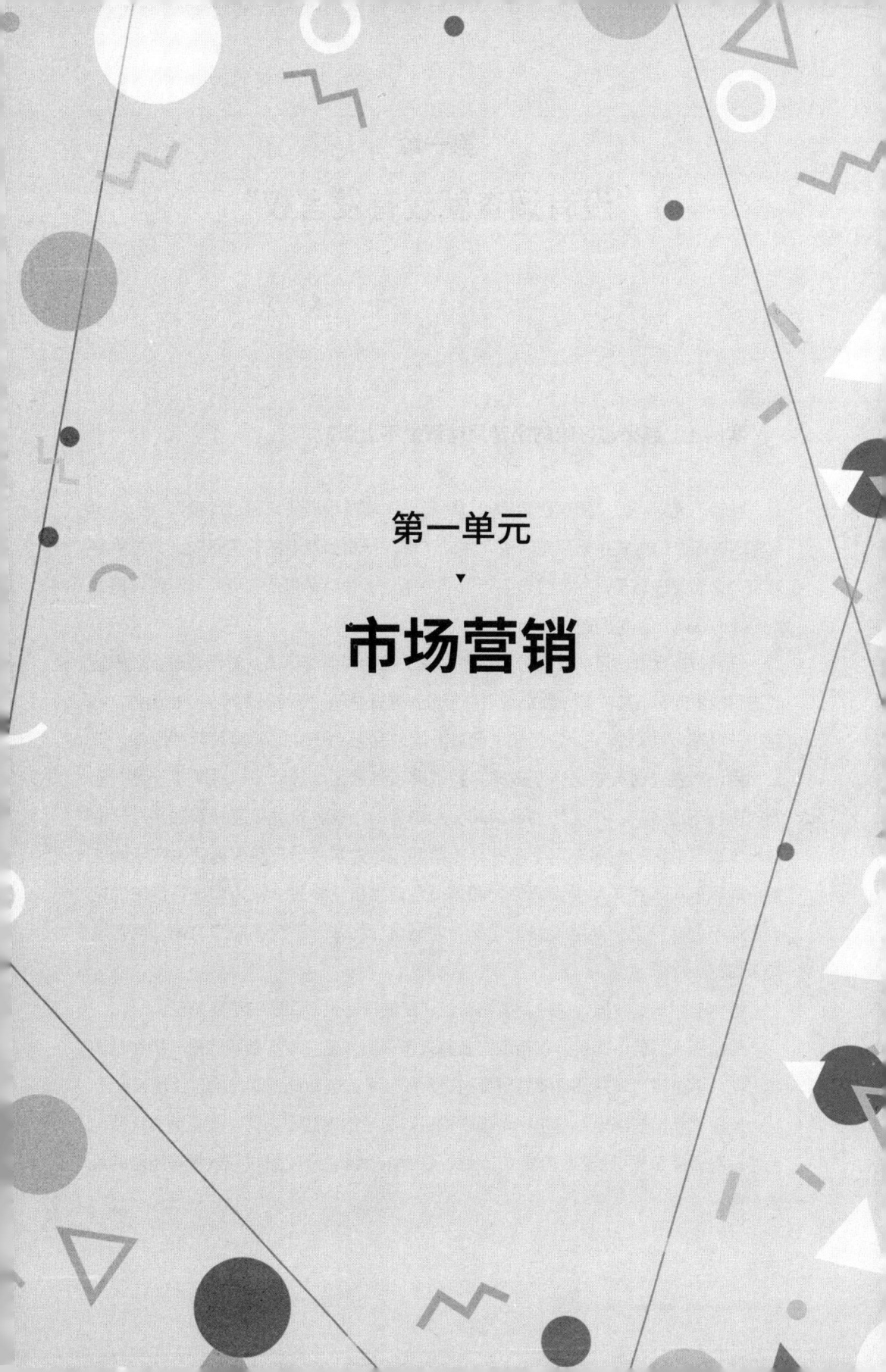

▼

市场营销

第一章
"没有调查就没有发言权"

案例 1　越来越好吃的奶昔为啥销量不上涨？

曾经，麦当劳为了提高奶昔销量，进行了一项市场调研，通过恳请奶昔购买者填写调查问卷的方式进行民意调查，主动了解、搜集消费者的购买倾向。问卷主要涉及"怎样改进奶昔，你才会多买？""你希望这款奶昔再便宜点吗？"或"再多点巧克力味吗？"等问题。

根据调查反馈信息，麦当劳自认为掌握了顾客的消费热点，对奶昔进行了质量改进和技术创新。其中有一款奶昔堪称经典，这就是他们于 2017 年 2 月推出的"巧克力三叶草双层奶昔"。为了让消费者能同时品尝到巧克力和薄荷两种口味，该公司别出心裁，对吸管进行了改革，特别邀请谷歌团队设计了一种新型产品：能同时吮吸下层咖啡、中层奶油薄荷和上层奶昔的吸管。这种吸管外观独特，形似秸秆，在弯曲的部分设有三个吸孔，能借助流体力学原理，确保消费者在吸吮的第一时间就可以完美享受到巧克力和薄荷各自参半、有复合味道和独特韵味的奶昔，而不必等待上下两层慢慢融化之后才能全面品味，不仅缩短了时间，而且增加了口感。

根据前期调查数据，这款新型奶昔应该是最符合大众口味的绝佳奶昔。

但出乎人们意料的是，创新型奶昔并未带来高效益。令人费解的是：奶昔越做越好吃，销量和利润并没有随着质量的提升和技术的创新而成明显的正比增长。

问题究竟出在哪里？这是一个值得探究、思考的课题。为此，麦当劳委托哈佛商学院教授克莱顿·克里斯坦森 (Clayton Christensen) 及其团队寻找解答问题的最佳方案。

克莱顿团队接受任务后，首先采取了一系列的现场观察、调查和深度访谈等有效措施，很快发现了一个有趣的现象：大约有超过 50% 的奶昔都是早上卖掉的，而买奶昔的人几乎都是同一批客户，他们只买奶昔，并且所有购买者基本上都是开车打包带走的。随后，调研团队又开展了更加深入的访谈、观察和分析，结果又发现：原来这些买奶昔的顾客每天一大早都有同样的事情要做，要开很久的车去上班，路上很无聊，开车时就需要做些事情让路程变得有趣，想买东西吃的时候并不是真的饿，但是大约 2 小时后，快到中午之前，他们就会饥肠辘辘。当饥饿来临，他们怎样解决这些问题呢？有人试过吃香蕉，但发现香蕉消化得太快，很快又饿了；也有人试过吃面包圈，但面包圈太脆，边吃边开车，会弄得满手黏糊，车里到处都是面包屑；还有人吃过士力架巧克力，但是早餐经常吃含糖量很高的食物对健康有一定的影响。奶昔刚好完美地回避了以上问题，无疑是最适宜的食品。

所以，表面看起来用细细的吸管吸厚厚的奶昔，需要花费较长时间，很鸡肋。但是，它精准地满足了部分顾客的需求。这是麦当劳煞费苦心地在质量上改进、在吸管上进行技术改造，却并未吸引大量买主的真正原因。

（资料来源：Christensen《创新者的窘境》）

问题：

1. 请问哈佛商学院教授克莱顿·克里斯坦森的团队可以给麦当劳提供什么样的解决方案？他们关于提高奶昔销量的最佳建议会是什么？

2. 假如你是该调研团队的负责人，你还将采取哪些措施来进一步提升市场调研的准确性和采取措施的针对性？

术语解读：

权重系数（Weight Coefficient）：某被测对象各个考察指标在整体中价值的高低和相对的重要程度以及所占比例大小的量化值。简单来说，它体现某项指标在市场调研中的重要程度或影响大小。

购买者意向调查法（Survey of Buyer's Intentions）：又称买主意向调查法，

指通过一定调查方式选择一部分或全部潜在购买者，直接向他们了解购买商品的意向，并在此基础上对商品需求或销售作出预测的方法。

销售人员综合意见法（Sales Force Composite Method）：是指企业直接将从事商品销售且经验丰富的人员组织起来，先由预测组织者向他们介绍预测目标、内容和预测期的市场经济形势等情况，要求销售人员利用平时掌握的信息结合提供的情况，对预测期的市场商品销售前景提出自己的预测结果和意见，最后提交给预测组织者进行综合分析，以得出最终的预测结论的方法。

德尔菲法（Delphi Method）：又称专家调查法，是一种采用通讯方式分别将所需解决的问题单独发送到各个行业专家手中以征询意见，然后汇总全部专家的意见，并整理出综合意见。随后将该综合意见和预测问题再分别反馈给专家，再次征询意见，各专家依据综合意见修改自己原有的意见，然后再汇总。这样多次反复，逐步取得比较一致的市场预测结果。对于市场营销来说，采用德尔菲法时通常邀请分销商、供应商以及在所调研领域有一定经验和研究的专家加入市场调研项目。

市场实验法（Experiment Survey）：指在既定条件下，通过实验对比，对市场现象中某些变量之间的因果关系及其发展变化过程加以观察分析的一种调查方法。比较适合测试特定市场营销刺激对顾客行为的影响。

时间序列分析法（Time-Series Analysis）：指以时间的推移研究来预测市场需求趋势，不受其他外在因素的影响。一般将现有的销售数据分解为四部分：趋势、周期、时期和不稳定因素，然后综合这些因素，提出销售预测。

抽样（Sample）：又称取样，指从欲研究的全部样品中抽取一部分样品单位。其基本要求是要保证所抽取的样品单位对全部样品具有充分的代表性。

定性分析（Qualitative Analysis）：对调查的现象或结论是描述性质的。定性研究采用的是集合论和逻辑学。

定量分析（Quantitative Analysis）：从市场营销角度来说，定量分析是利用数据对市场现象分析的方法。所以定量分析的信息都是用某种数字来表示的，且往往采用数理统计和概率论的方式进行分析。

案例 2　社交媒体监控中心：在社交空间倾听呼声和吸引顾客

如今，随着电子产品的迅速发展，媒体已由官方媒体向自媒体与官方媒体共存的方向发展，自媒体的社交空间无疑是一块十分活跃的阵地。目前，已具有大量自媒体的社交空间具有一定的舆论导向功能。社交空间中关于产品品牌及其相关问题的议论往往带有一定的倾向性，能在一定程度上观察并引导产品的消费趋势。于是，相关企业、组织加强了对社交空间的关注，纷纷设立社交媒体监控中心，甚至非营利机构也跟风仿效。

这里讲述一起成功案例：美国红十字会为改善对突发事件和自然灾害的响应能力，与戴尔公司合作在华盛顿特区建立了一个数字运营中心。

最初，红十字会进行了一次民意调查，发现 80% 的美国人希望突发事件应急处理部门或机构监控社交网络；1/3 的美国人期望灾难发生时，如果自己在社交媒体发布求助信息，在一小时内可以得到帮助。

通过这次调查，红十字会发现社交媒体上的相关信息有利于改进工作方式、提高工作质量，于是其十分重视对社交媒体的监测。他们与戴尔公司合作在华盛顿特区建立了数字运营中心后，按照戴尔公司自己的示范级社交媒体中心提供的数据，红十字会创新了志愿者项目，工作方式和措施都突破了原来的水平，在全国增加了数以千计的、训练有素的志愿者，来协助处理灾难发生时社交媒体上大量的相关信息，以提高危机处理能力。

通过数字运营中心的帮助，红十字会日常救助的工作手段和质量进一步提升。相关措施的有效实施，明显提高了大都市应对高楼火灾等突发事件的处置能力。一位红十字会管理者曾这样描述："在处理高楼火灾等突发事件中，我们不仅扫描社交媒体以寻找求助行动的情报，还扫描社交空间中是否有求救和需要其他帮助的信息"。由于信息来源更广泛、更直接，救助效率明显提高。

实践证明，重大灾难彰显了数字运营中心的巨大潜力。一次，美国遭受了历史上最大的自然灾害——桑迪飓风。飓风肆虐的一周中，数字运营中心除了从政府部门得到普通数据、实地评测和传统媒体的受损报告之外，还仔细分析了来自推特、脸书、博客的数以百万计的信息和网络图片。它总计追踪超过 200 万条信息，直接对数千人的求助作出积极响应。数据的及时收集，在指导红十字会的救援行动中发挥了至关重要的作用。据不完全统计，至少有88个救助案例发挥了社交媒体信息来源的作用，直接影响了红十字会的行动。一位红十字会工作人员曾这样感慨："因为信息准确、及时，我们能精准施策，将卡车派往最需要的地区，将帆布床送到了最缺乏的救助点"。

甚至，社交空间"缺乏社交媒体活动"也是灾难来临的一个重要指标。在一次灾难中，中心发现某个地区出现社交媒体"黑洞"，据判断该地区很可能出现了某些因素阻碍了人们发送信息，他们或许需要帮助。然后积极跟踪了解，发现果然如此。

还有一个成功案例是"佳得乐使命监控中心"的故事。百事的佳得乐是最早建立社交媒体监控中心的品牌之一，"佳得乐使命监控中心"自建立之初就通过对社交媒体活动进行大量的实时监控，把握佳得乐品牌的监测信息。一旦有人在重要的社交媒体或博客中提及与佳得乐相关的任何言论（包括与竞争者、佳得乐签约的运动员和运动饮料相关的话题），监控中心的屏幕都会迅速显示相关图形和数据分析。"佳得乐使命监控中心"通过监测数字广告、网站和移动网站的流量，反映可靠的品牌网络形象。佳得乐积极运用监控中心提供的信息改进产品质量、营销方式，并与顾客良性互动，取得了明显成效。

一次，也就是2014年NBA总决赛的首场比赛期间，当时的迈阿密热火队前锋勒布朗·詹姆斯（LeBron James）因为大腿抽筋被迫下场，因该队员曾代言佳得乐，大量推特评论出现舆论倾向，认为喝佳得乐也没法阻止詹姆斯抽筋啊！尽管这位佳得乐的前发言人已经转向代言竞争者可口可乐的品牌Powerade，但大多数粉丝并不知内情，仍然将詹姆斯与佳得乐联系在一起。这表明，在这次事件中，勒布朗·詹姆斯转向代言竞争者可口可乐的信息没有及时传递，使社交媒体舆论对佳得乐形成了负面影响。"佳得乐使命监控中心"及时检测到了网友们的负面议论，可以及时作出回应来挽回品牌形象。

（资料来源：Kotler & Armstrong《市场营销：原理与实践》）

问题：

1. 针对文末詹姆斯粉丝对于佳得乐的负面议论，"佳得乐使命监控中心"会怎样回应？

2. 如何利用案例中提到的社交媒体监控中心来帮助企业的营销？

3. 公司除了需要监控"公众"的实时数据以外，还应该监控什么数据？以及怎么获得这些数据？

术语解读：

一手数据（Primary Data）：也称为原始数据，是指直截了当获得的数据，比如你亲眼观察到的数据，或者亲手收集到的数据。

二手数据（Secondary Data）：又称现成资料，是相对于一手数据而言的，指一级资料的二次或以上利用所形成的资料形式，比如别人在书里或报告里写的数据，或者和别人聊天得知的信息。

观察法（Observational Survey）：指市场调研者根据一定的研究目的、研究提纲或观察表，用自己的感官和辅助工具观察被调研的对象。

思考与练习：

一家百货店店主想了解一下到他店里买东西的顾客对他店铺的印象如何，以及对他的竞争对手商店的印象如何，于是他给你少量的经费，要求在3周内得到结果。

1. 你将用什么调查方法？为什么？

2. 请撰写一份营销调研方案。

扩展阅读：

用客观数据对抗直觉决策

在消费中，消费者常常会遇见这样场景：你本来打算在比萨店买一个12寸的比萨，不巧的是 12 寸的卖光了。于是店员问你，能不能换成两个 6 寸的？在直觉的驱动下，你会善解人意地说"好！"，还是巧妙拒绝店员的"无理要求"呢？如果同意了店员的提议，那很遗憾地告诉你，你亏了两个 6 寸的比萨！虽然 12=6×2，那只是面积的简单叠加，但是比萨算的体积不是一维的问题，而是二维的问题。一个 12 寸的比萨实际上等于四个 6 寸比萨的面积，所以要换四个才合理！

当我们谈论比萨的直径或半径的时候，人们常常忽视圆周率，人脑对信息的简单处理能力遇到了挑战：我们不善于把它想象成面积，以致于商家也未将价格制定得非常透明。

再举一例：如果你去买一支牙刷，需要 15 块钱。然而后边的人告诉你：隔壁街区的店只卖 7 块钱，你会不会说我现在不买了，跑到隔壁街区去买？有可能，你想省这个钱。但如果你买衣服，衣服是 500 块钱，也有人告诉你说，隔壁街区的店卖 492 块钱，你还会去吗？

相信大部分人会放弃后一种选择。

虽然都是省 8 块钱，为什么会做出不一样的选择呢？很简单，就是当你花钱的时候，8 块钱相对于 15 块钱，所占的比例较大，节省数额较大，值得！但是 8 块钱相对于 500 块钱而言，所占比例较小，节省数额较小。这与我们在购买比萨时出现的理解偏差是一样的。

正确的做法就是尊重数据、尊重事实。在以上两个选择中，做出决策的依据是：面积与体积的区别是什么？8 块钱值不值得我去节省它？因此，在做购买决定时，一定要用数据说话，用对数据的洞察和清晰把握，来对抗直觉产生的决策。

（资料来源：郭国庆《市场营销》）

第二章

目标与定位

▼

案例 1　火锅：餐饮行业细分品类中的翘楚

中国的饮食文化历史悠久、内涵丰富、源远流长。由于经济的迅速发展，人民生活水平有了明显提高，人们已经走出了"饥饿时代"，进入了"饱腹时代"。随着食物供给的不断充足，大家对于"吃"也越来越讲究，餐饮业出现了百花齐放的局面，饮食文化丰富多彩、焕然一新。在不同的节日，全国各地都有独特的饮食习俗，例如春节吃饺子、端午吃粽子、中秋吃月饼等。我国地大物博，地理文化的差异形成了不同的饮食喜好，口味不一、形式多样成为了中国饮食文化的一大亮点。

火锅作为餐饮门类的分支，成为了餐饮行业细分品类中的翘楚。火锅最早出现在五千年前的江浙地区，当时就形成了以小陶灶为主的初级火锅模式。从春秋到三国，火锅器具出现了青铜火锅、分格火锅等品种，《魏书》中最早提到的"五熟釜"与现在的鸳鸯锅、九宫格有异曲同工之妙。在汉代，我国又出现了碳炉火锅；唐宋时期，火锅更加盛行；元朝时期，涮肉火锅又流行起来；发展到清代，各种涮肉火锅已成为宫廷冬令佳肴。

在火锅发展的过程中，其实器皿的变化并不是很大，新容器的出现主要是为了通过更好的材质来传递热量和保全食物的味道。由于受地域环境、饮食结构等多种因素影响，火锅的汤底、调料差异较大，口味逐渐呈现多样化，让火锅类别越分越细，并且逐渐形成了目前以区域论品牌的格局。根据市场销售情况和口味特征，目前主流的火锅类型主要有六大类，它们分别是：北派火锅、江浙系火锅、川渝系火锅、云贵系火锅、粤系火锅以及台式火锅。

北派火锅：北派火锅最大的特点就是食材主要是肉类，尤其是羊肉和牛肉，耳熟能详的有老北京火锅、内蒙古肥羊火锅、东北白肉火锅、羊蝎子火锅、山东肥牛火锅等。这类火锅的锅底相对清淡，调味料品种很多，但麻酱是主流。

川渝火锅：川渝火锅特指四川和重庆地区的火锅，以"麻辣鲜香"著称，也是目前最受消费者喜爱的火锅。虽然同出一辙，但四川火锅和重庆火锅也有不同之处。（1）底料配方的区别：四川火锅经常以菜籽油等植物油为主，因此为了增加味道，需要辅助添加辣椒和花椒等味道比较重的香料；而重庆火锅多以牛油为主，油质较重，能够很好地锁住味道，特别是火锅中以肉食为主，各种动物性食材能很好地融入牛油中并保存下来。（2）食材的区别：重庆火锅对食材的前期加工较少，偏爱肉类，早期绿色蔬菜很少，品种没有四川火锅那么丰富。（3）蘸料的区别：重庆蘸料的标配就是蒜泥加香油再配上香菜，而四川蘸料更为丰富，会加入蘑菇酱、牛肉酱、豆豉等。

江浙系火锅：口味比较多，食材也相对丰富，比较著名的有菊花锅、什锦锅、一品锅和土鸡锅等。菊花火锅盛行于晚清宫廷，取菊花瓣洗净，撕成丝洒入汤内。待菊花清香渗入汤内后，将生肉片、生鸡片等入锅烫熟，蘸汁食用，其芬芳扑鼻，别具风味。

云贵系火锅：云贵地区喜欢吃野生菌类，味道鲜美，因此以养生菌菇汤居多，偏爱酸辣口味，火锅汤底制作过程讲究，口味独特。比较火的有菌菇火锅、酸汤鱼火锅、腊排骨火锅等。

粤系火锅：粤系火锅盛行于广东、福建等地，口味清淡，清汤锅底居多，食材以海鲜、牛肉、丸子为主。包括海鲜火锅、潮汕牛肉火锅、豆捞火锅等。近两年，潮汕牛肉火锅已经在江浙沪地区开了多家门店。

台式火锅：多以环保、时尚、养生为口号，一般是"一人一小锅"形式，口味清淡。呷哺呷哺是比较具有代表性的台式火锅，1998年创立于北京，开创了时尚吧台小火锅的新业态。

问题：

1. 请问现阶段火锅市场有哪些特点？
2. 请预测未来火锅市场又将如何发展呢？

术语解读：

市场细分（Market Segmentation）：通过市场调研后，依据消费者的需要和欲望、购买行为和购买习惯等方面的差异，把某一产品的市场整体划分为若干消费者群的市场分类过程。

市场定位（Market Positioning）：又称营销定位，是市场营销工作者用以在目标市场(此处目标市场指该市场上的客户和潜在客户)塑造产品、品牌或组织的形象或个性(identity)的营销技术。企业根据竞争者现有产品在市场上所处的位置，针对消费者或用户对该产品某种特征或属性的重视程度，强有力地塑造出此企业产品与众不同的、给人印象鲜明的个性或形象，并把这种形象生动地传递给顾客，从而使该产品在市场上确定适当的位置。简而言之，就是在目标客户心目中树立产品独特的形象。

差异市场营销（Differentiate Marketing）：又称差异化市场营销，指企业把产品的整体市场划分为若干个细分市场，针对各个细分客户市场的需要而刻意设计适合他们的产品和服务，并在渠道、促销和定价等方面有相应的改变，以适应各个分市场的需要。例如：肯德基(Kentucky Fried Chicken，肯塔基州炸鸡)是一个主要出售炸鸡、汉堡、薯条、汽水等西式快餐食品的公司，但是针对中国市场推出了老北京鸡肉卷、早餐花式粥、油条、烧饼、豆浆等产品，以满足中国消费者的需求。

案例 2　维珍美国：为精通技术者提供的飞行服务

杰西卡步入机舱，柔和的灯光立刻使她放松下来，她深深地吸了一口气。她很高兴自己喜欢的位置还空着——机舱后部角落里的一张舒适皮椅，在那里她可以用面前小桌上的触摸屏点一杯最爱的饮料，然后戴上防噪声耳机，开始通过个人娱乐接口补看自己最喜爱的电视节目。这听起来像发生在当地的星巴克或时髦夜总会，但都不是，这是在维珍美国航空公司的一个航班上发生的一幕。

维珍美国是美国最年轻的航空公司之一，也是目前最炙手可热的航空公司，它在各种行业和顾客调查中都超越了竞争对手。营业仅仅六年之后，维珍美国就实现了盈利，比任何其他一家航空公司都要快。

一家新创立的航空公司是如何在竞争最激烈的行业中脱颖而出的呢？对维珍美国而言，答案是瞄准恰当的顾客细分市场，确立自己的目标市场。

当维珍美国在美国开始飞行服务时，另有几家航空公司已经基于"顾客第一"的经营理念取得了成功，包括行业领先者西南航空。维珍美国知道自己不可能期望依靠玩低价游戏取得成功，不仅是因为西南航空已经稳居价值定位之首，而且大量竞争性的航空公司为取得低价优势正在奋战不已。

维珍美国发现了一个截然不同的竞争点。它以年轻、精明、有影响力的消费人群——硅谷派为目标市场。通过提供吸引这群特殊乘客的额外服务和设施，吸纳了一批忠诚的顾客。

在航空业提供独特的设施对所有公司都是一项挑战。但是从一开始，维珍美国就把其目标顾客放在心中来设计飞行体验。维珍美国的机队有 61 架全新的 A300 系列飞机，客舱里定做的皮椅比一般的机舱座椅更加宽敞和舒适。情景照明设施不仅让整个机舱沉浸在柔和、适宜的紫色光线内，还可以根据机舱外部的光线自动调节 12 种不同的色度。

为了吸引硅谷的技术高手们，维珍美国特别重视采用最新的硬件和软件。开业之初，维珍就是美国第一家提供全程机上 Wi-Fi 的国内承运商——这是它保留至今的一项特色，甚至一直通过升级网络以确保机上最快网速来保持竞争优势。每一个座椅都有电源接口、USB 端口、9 英寸的触摸屏和一个 QWERTY 键盘。

顾客可以借助触摸屏在空中使用最新的娱乐和信息系统。维珍美国的专属 Red 系统让每一位顾客按需选择电影、电视节目、音乐或视频游戏。Red 系统还允许顾客在互动式的谷歌地图上追踪航班信息，与其他乘客聊天，为自己或机上的其他人订购视频和饮料。

这些创意大多来自维珍美国精于技术的硅谷乘客们。公司将总部安排在加利福尼亚州的伯林格姆，距离旧金山机场仅数英里，这绝非偶然。实际上，维珍美国是唯一一家立足于硅谷的航空公司。公司不仅持续地改进各个方面的业务，而且非常努力地让硅谷的创业者和经理人参与这一过程。维珍美国的首席营销官罗安·卡尔弗特（Luanne Calvert）说："我们更愿意将自己视为创意孵化器"。例如，将 VX Next——维珍航空公司的大客户群，也是一群频繁飞行的人——作为维珍美国的智囊团，为公司免费提供了不少创意。在众多优秀创意中，该群体帮助开发的公司最近的互动促销运动就是一例。运动的中心是一个可以转动的影视区间，为观众提供虚拟的维珍美国飞行之旅。展示该航空公司机上服务的人包括潘多拉（Pandora）、闪购网站 Gilt 和音乐数字媒体公司 Pitchfork 等不同企业的创始人或 CEO。他们为该航空公司的服务做出了创新性贡献，诸如策划机上音乐和菜单项目。

大量的轶闻趣事表明，维珍美国的顾客对其服务非常满意。维珍美国一直是《航空公司质量年报》排行中的第一名——这份排名基于对过去三年遗失行李、顾客投诉、取消登机和准点到达率等指标的调查。在一份最近的航空业消费者满意度调查报告中，维珍美国不仅获得了第一的荣誉，而且取得了所有美国航空公司多年来的最高分数。

尽管维珍美国取得了成功，但航空行业是一个难以生存和发展的地方。在美国，仅 4 家航空公司就控制了 80% 以上的市场。维珍美国知道维持其高排名会是一项艰巨的挑战，特别是当它扩张进入新市场——尤其是气候严寒的地区，天气是造成航班取消和延误可能性增加的重要因素。随着航班乘客数量的上升，登机和下飞机的时间也增加了，影响了多项顾客服务的业绩。维珍的乘客精于技术和高度联网，任何失误都可能由他们通过短信、推特或博客很快传遍全世界。

今年，维珍美国取得了 15 亿美元的收入、2.01 亿美元的利润——比去年提高了 139%，对一家年轻的航空公司公司而言，这是史无前例的。该公司最近的公开上市，是有史以来第二大规模的航空公司 IPO。问题是：新的维珍美国能否继续它过去所做的——用卓越的服务给每一位顾客惊喜，给技术社群提供额外的利益？

（资料来源：Kotler & Armstrong《市场营销：原理与实践》）

问题：

1. 请用细分变量描述维珍美国是如何对航空服务进行市场细分和目标市场选择的。
2. 请为维珍美国写一份市场定位陈述。

术语解读：

目标市场（Target Market）：通过市场细分后，企业准备以相应的产品和服务满足其需要的一个或几个子市场。

用户画像（Personas）：指基于一系列真实数据的目标用户模型。

品牌忠诚度（Brand Loyalty）：是衡量品牌忠诚的指标。由消费者长期反复地购买、使用品牌，并对品牌产生一定的信任、承诺、情感维系，乃至情感依赖而形成。品牌忠诚度高的顾客对价格的敏感度较低，愿意为高质量付出高价格，能够认识到品牌的价值并将其视为朋友与伙伴，也愿意为品牌作出贡献。

对峙定位（Competitive positioning）：又称竞争性定位或针对式定位，指企业选择靠近现有竞争者或与其重合的市场位置，争夺同样的用户。

避强定位（Avoiding Competition Positioning）：又称创新式定位，是指企业回避与目标市场竞争者直接对抗，将其位置定在市场上某处空白领地或"空隙"，开发并销售目前市场上还不存在的、具有某种特色的产品，以开拓新的市场。

STP 战略（STP Strategy）：S、T、P 分别是 Segmenting、Targeting、Positioning 三个英文单词的缩写，即市场细分、目标市场和市场定位。STP 营销是现代市场营销战略的核心。

思考与练习：

1. 企业进行市场细分的主要方法有哪些？
2. 企业在制定目标市场涵盖战略时应该考虑哪些因素？

扩展阅读：

一名出租车司机的目标市场战略规划

周春明，一名台湾出租车司机，曾当过水电工，因为建筑行业不景气放弃了原来的工作重新就业，成为3万名司机中的一员。他每天从基隆往返台北，面临的新挑战是在马路上抢客赚钱，竞争非常激烈！但就是在如此激烈的市场竞争中，周春明明确界定了自己在市场上的价值，锁定市场目标，通过差异化定位，创造附加价值，打造核心竞争力等措施，获得稳定的、甚至超出他人两倍的不菲收入。

我们来看看周春明是怎样做到的呢？他的秘诀在哪里呢？

其实，周春明的出租车并无竞争优势。他的那辆福特车车龄已经三年半，内饰略显陈旧，与配备GPS、液晶电视的同行车相比明显落伍。

当地出租车司机通常每天至少工作12小时，一个月平均收入约6万元。但是没有华丽配置车辆的周春明每天仅工作8—10小时，却能做到每月超过12万元的收入，全年约赚85万元（台币）。要坐周春明的车，必须至少提前一星期预订。在3月底，他的预约已经排到了5月。当其他的出租车司机还在路上急着寻找下一个客人时，他烦恼的却是挪不出时间照顾老客户。

周春明有一张密密麻麻的熟客名单，包括200多位教授和中小企业老板。因为，他做出租司机之初就正确分析了出租车行业现状，作出了一个与众不同的决定：让利顾客，稳定客源，不跑空趟，做长期远程载客服务。当时出租业的现状是：出租车司机载客到新竹、台中，要冒开空车返回的风险，相当于跑两趟赚一趟钱。于是大家约定俗成地将成本转嫁给客户，计价比调高50%，顾客认为跑一趟付两趟的钱有点亏。周春明通过认真观察，找到解决矛盾的方法。据他了解，经常往返两地的教授和中小企业老板才是含金量最高的商务旅客。为了稳住他们，他的计价比仅调高了17%，这个做法得到了这群常客的认同。锁定长途商务顾客，少转嫁甚至不转嫁成本，贴心服务，他赢得了兴隆的生意。

周春明认为，计较就是贫穷的开始。他深谙发财的道理。表面上，他每趟收入比同业人员低，但能赢得客户的好感与信任，因此可以接到更多的长途订单。事实胜于雄辩，高光时刻在他开出租车的第四年悄然来临。一天，他从科学园区载一个企管顾问公司的经理时，对方被他大打折扣的贴心服务打动，把接送公司企管顾问、讲师的长途生意全包给他，为他拓展了一条重要的、关键性的长途客源渠道。从此，他一发不可收，客户由街头散客逐渐转变成稳定的长途商务客户群。

翻开他的出车记录，刚出道时一年仅出 100 趟长途车，目前预计可达 800 趟。值得称道的是，他不仅有稳定的客户源，还挖掘出了大量潜在客户群，空车率大为降低，盈利大幅增加，利润扶摇直上，由此脱离了只靠街头漫无目地等客的出租车司机队伍。

正如一位客户说得好：新手在乎价格，老手在乎价值，只有高手懂得用文化创造长久的竞争力。周春明也正是这样做的！他每天接送企管顾问、公司讲师，包括各个大学的知名教授和资深企业管理人员，耳濡目染这群精英的观念，竟发展出管理出租车生意的一套新标准及其作业程序和客户关系管理的方法。

归纳他的思路和做法，有以下几点可借鉴：

1. 了解顾客喜好

了解的内容丰富，从早餐到聊天话题都定制化。每个客人上车前，周春明要先了解他是谁，关心的是什么。如果约好五点载讲师到桃园机场，他前一天就会跟企管顾问公司的业务人员打听这位客人的专长、个性，甚至早餐、喜好都问清楚。

服务的形式多样，及时把聊天内容转化为服务行动。当前一天了解到顾客的不同需求后，次日早上他会穿着西装，提早 10 分钟在楼下等客人，像随从一样扶着车顶，协助客人上车。后座保温袋里已放着自掏腰包买来的早餐。有一次，有位姓严的客人首次坐周春明的车，下车时周春明问他，为什么不用他准备的汉堡和咖啡。严姓客人说，他只吃中式早餐。此后，只要这位客人早上坐车，车上一定放着热腾腾的烧饼和油条。

礼仪的温度到位，连开口跟客人讲话的方式都有讲究。如果是生客，他不随便搭讪，等客人用完餐后才会问对方是否要小睡一下或听音乐还是聊天，从客人的选择中仔细观察客人今天心情如何。如果对方选择聊天，周春明就会按照事前的准备，抛出跟客人专长相关的有趣话题。但是他知道政治、宗教和其他客人的业务机密是谈话的禁区，会主动避开。甚至到机场送客该如何送行，他都有标准做法，只说"再见"，不说"一路顺风"，个中微妙只有客人和他能心神领会。

如果是送老师到外地讲课，车上有他自费为客人准备的当地名产：金橘柠檬润喉茶。通过系统的管理，每个客户爱听什么音乐，爱吃什么小吃，关心什么，坐上他的车后他都会尽力量身服务。就像是客户专属的私人司机，而一般租车公司是无法提供这样的定制化服务的。周春明还有一个笔记本，里面详记了所有熟客的喜好，光是早餐的饮料就有十种之多，有茶、无糖可乐、咖啡等，有的甚至是几包糖、几包奶精都非常精确。

周春明认为，差异化就是把服务做到一百零一分，要做到客户自己都想不到的服务，才拿得到那一分。

2. 重新定位角色

不是司机，而是问题的解决者。这是周春明对自己角色的重新定位。

慢慢地，越来越多的人指名道姓要周春明来服务，他越来越忙，开始把服务的标准作业流程复制到其他司机身上，一旦周春明有约不能服务，他就会推荐一个司机朋友来载客人。虽然换了司机，但是该准备什么，客人喜欢什么，由于周春明交代得十分清楚，同质化服务的方法、质量会分毫不差地重现在新司机身上。

现在，周春明的客户多到要同时有七八辆合作的出租车才跑得完。他的价值已不仅仅是一个载客的司机，开始慢慢变成掌控服务质量的车队老板，他可以将订单转给专属车队。

有了车队，他们的服务在向深度拓展。有一次，周春明载客人到机场，因星期一车潮拥挤遇堵，艰难穿行后刚到桃园机场，客人却发现自己忘记带护照，仅差一小时就要登机了，如果开回去拿根本来不及。这时，周春明调动在台北的车队，到客人家去拿护照，再从八里抄近道快捷速送到机场，在登机的最后一刻，护照安全送达，焦急的客人转悲为喜。

客户越来越多，为了扩大经营，他今年还计划进大学专修服务业的学位，进一步提升服务、管理能力。周春明的目标是承包台积电这样的大公司的用车服务，做车队服务的管理者。周春明未来的挑战是要学会用公司化管理来经营，大量复制高质量的服务，做更大的市场。

周春明的故事，是细分市场到产品定位在出租车行业的实践应用。周春明不把自己定位成普通司机，而是解决方案提供者(Solution Provider)。当出租车这项服务早已供给过剩时，他却重新定位，把自己定位成一群人的私家司机，提供更高附加价值的服务。在出租车这个充满高油价、罚单、停车费的行业中，周春明向人们证明了"只要做得好，仍然可以创造崭新的机会和高额的回报"。

第三章
产品定价有学问

▼

案例1　青城山的佟掌柜怎么亏钱了？

佟掌柜因为喜欢慢节奏、悠闲的生活，2017年举家从北京搬到了青城山，买了一套房子给父母住。没过多久，她又租了两套房，除了一个单间自住，其余的全部用来做民宿。她做第一套房子时还没经验，但也只用了10天左右就租出去了，第一位客人一住就是一星期。这让她觉得做民宿有戏！于是又租了一套房，扩大经营规模。当时刚好遇到暑假，青城山的民宿家家爆满，刚布置好的房间第二天就能接到订单，而且只要一上线，基本上一个星期的房源都订满。那时的她真心觉得民宿的钱太好赚，按每天328元的价格来算，一套房一个月的收入差不多有1万元。这是旺季的景况。

然而好景不长，过了"十一"假期，天气渐凉，就进入了漫长的空房期。民宿开一天亏一天，朋友实在看不下去，劝她把房子退掉。无奈之下，除了自住的那一套，其余的她都退掉了。至此，她的民宿梦宣告结束，从7月底到10月底，只维持了3个月。

她给自己算了一笔账：

- 第一套房：按3个月时间算，租房总成本为9000元。第一套毛坯房是自己装修的，成本高。
- 第二套房：租房总成本为17500元。（有中介费，另外，提前退房被扣掉一个月押金）

装修及物资采购的费用约为17000元。

- 三个月的收入：17461.4 元。（第一套房收入 5461 元，第二套房收入 12000 元）
- 最终的结果：在经历了各种希望和失望，反复折腾 3 个月之后，实际亏损 26038.6 元。

问题：

1. 青城山的佟掌柜为什么会亏钱？
2. 案例 1 "青城山的佟掌柜怎么亏钱了？"告诉我们定价的时候要考虑什么因素？

术语解读：

产品成本（Product Cost）：是指企业为了生产产品而发生的各种耗费。可以指一定时期为生产一定数量产品而发生的成本总额，也可以指一定时期生产产品的单位成本。

成本加成定价法（Cost-plus Pricing）：是指以本企业的成本为基础的一种定价方法，适用于非竞争性产品的定价。具体又包括完全成本加成定价法、变动成本加成定价法、标准成本加成法。

目标定价法（Target Pricing）：又称损益均衡定价法，指在公司期望实现的生产水平（标注产量）下，确定价格以使投资回报达到特定比率的一种定价方法。资本密集的公司（如汽车制造商）和公用事业公司（如供水公司）常采用目标定价的方法。公用事业的报价依据是投入资产的合理回报率，而且得到管理部门的批准。

案例 2　天上真有免费的午餐？！

大家知道 360 杀毒软件是免费的，但杀毒软件这个行业一开始是收费的，模式是收取年费，一年一次。当时国内排名第一的杀毒软件金山毒霸，年费是 500 多块。但金山毒霸的"称霸时间"并不长，后面出现了一家叫卡巴斯基的软件公司，这家公司把年费降低了，从每年 500 多块改成了每月只需 15~20 块，通过降低门槛很好地吸引了客户。但是 360 杀毒软件推出了一个更有颠覆性的举措，杀毒软件完全免费，不仅为用户提供免费的杀毒服务，而且还自掏腰包打广告，甚至通过央视告诉全国人民：他们的杀毒软件免费。

互联网刚兴起的那个年代，除了网易，几乎所有的互联网公司都做插件，不经用户同意就强制性地在电脑里面安装，然后"劫持"流量，乱弹广告。老百姓把这种插件叫"流氓软件"。

坊间传闻，2006 年 360 公司开始做 360 安全卫士的时候，没有商业动机，没有想到怎样挣钱，更没有想到未来要做免费杀毒软件，也没有想到要做浏览器、做搜索。做 360 的目的很简单，就是要直接把那些"流氓软件"都干掉，不管它的干爹是谁，七大姑八大姨来说情也不行。

那个时候，由于利益的驱使，"流氓软件"肆虐网络，电脑用户叫苦不迭。如何解决"流氓软件"问题，是当时社会普遍关心的重要课题。对此，行业由于认识不同，分为几大派系。一派是法律派，认为"流氓软件"的问题必须通过法律来解决。但是，互联网发展的速度飞快，而且在互联网上取证非常困难，先不说能不能立案，即使能立案，官司完整地打下来也需要好几年。另一派是政府派，认为必须由政府相关执法部门来解决。

360 属于以暴制暴派，主张走第三条路：就是把武器发给用户，让用户来解决问题。用户被"流氓软件"欺负，就是因为不懂技术。360 给用户一个免费的工具，能把"流氓软件"都干掉。如此，电脑就太平了。

早期的 360 安全卫士的技术含量并不高。查杀"流氓软件"，像金山、瑞星这些公司绝对是有技术能力做的。但他们都不愿意做这件事，也不敢做这件事。他们不愿意做，是因为不挣钱，他们卖杀毒软件，卖一套就好几百块。做一个免费的东西，虽然用户欢迎，但不挣钱有什么用？他们不敢做，是因为不愿意得罪人。大家抬头不见低头见，都在行业里混，你把这些中国知名互联网公司的"流氓软件"杀了，得不偿失，压力是很大的。

（资料来源：周鸿祎《颠覆者：周鸿祎自传》）

问题：

当周鸿祎带着 360 把免费杀毒软件做出来的时候，不仅解决了中国互联网饱受"流氓软件"危害的困扰，而且还带动了杀毒软件免费化的浪潮。那么问题来了，360 安全卫士完全免费使用，也看不到明显广告，它是如何盈利的？这背后的商业逻辑是什么呢？

术语解读：

完全竞争（Perfect Competition）：又称纯粹竞争，是一种不受任何阻碍和干扰的市场结构，指那些不存在足以影响价格的企业或消费者的市场。

垄断竞争（Monopolistic Competition）：是指许多厂商生产并出售相近但不同质商品的市场现象。垄断竞争是在旧经济中常见的一个特征，同时这一特征在新经济（又称知识经济）时代表现得更为明显。

寡头竞争（Oligopolistic Competition）：是竞争和垄断的混合物。在垄断竞争的条件下，市场上有许多卖主，他们生产和供应的产品不同。即使在寡头竞争的条件下，在一个行业中只有少数几家大公司（大卖主），它们所生产和销售的某种产品占这种产品的总产量和市场销售总量的绝大部分比重，它们之间的竞争就是寡头竞争。显然，在这种情况下，它们有能力影响和控制市场价格。在寡头竞争的条件下，各个寡头企业是相互依存、相互影响的。各个寡头企业调整价格都会马上影响其他竞争对手的定价政策。因而，任何一个寡头企业做出决策时都必须密切注意其他寡头企业的反应和决策。

纯粹垄断（Perfect Monopoly）：又称独家垄断，是整个行业的市场供给完全为独家企业所控制的状态，可分为完全政府垄断和完全私人垄断。一般说来，在完全垄断的情形下，企业供给增加，价格下落，产品需求增加。反之，企业供给减少，价格上升，产品需求减少。供给影响价格，价格与需求呈反方向变动。

案例 3　差价巨大的黑色 T 恤

阿玛尼 (ARMANI) 的一件黑色 T 恤售价为 275 美元，盖璞 (GAP) 的一件 T 恤只要 14.9 美元。阿玛尼的 T 恤含 70% 尼龙、25% 涤纶和 5% 弹性纤维，而盖璞的 T 恤是全棉的。确实，阿玛尼的 T 恤更加时尚，还带有一个"产于意大利"的标签，但这怎么值 275 美元呢？作为一个奢侈品牌，阿玛尼因其价格高达数千美元的套装、手袋和晚礼服而出名，在这种情况下，它的 T 恤也可以卖较高的价格。由于购买 275 美元 T 恤的人不多，因此阿玛尼生产得很少，这招吸引了那些希望拥有限量版 T 恤以彰显其身份的人。

（资料来源：李英，王喜庆《市场营销实战》）

问题：

为什么阿玛尼的黑色 T 恤材质没有平价服装店的好，还能卖那么高的价格？

术语解读：

市场需求（Market Demand）：指在特定地理范围、特定时期、特定市场营销环境、特定市场营销计划的情况下，特定的消费者群体可能购买的某一产品总量。

需求价格弹性（Price elasticity of Demand）：在经济学中一般用来衡量需求的数量随商品价格的变动而变动的情况。通俗地讲，是市场需求对市场价格变动的反应程度。举个例子：2020年开始的新冠肺炎疫情影响了经济发展，而经济复苏是阶段性的。有些生意恢复得很快，有些生意到2021年也还没有完全恢复。生意恢复的快慢很大程度上取决于需求弹性的高低。一般来说，越是无法替代的商品，需求弹性就越低，比如盐、大米等商品。另外，需求随着价格变化越大的商品，需求弹性就越高，比如有机蔬菜、进口水果的需求弹性就比较大。因为疫情，人们的收入减少，要减少消费的话就会优先减少需求弹性高的消费品类。所以，行业内有这么一句话："越是经济危机，需求弹性低的产品就越有市场。"

随行就市定价法（Going-rate Pricing）：又称流行水准定价法，是以本行业的平均价格水平为标准的定价方法。是竞争导向定价方法中广为流行的一种。其原则是使本企业产品的价格与竞争产品的平均价格保持一致。

案例4　星巴克的中杯、大杯、特大杯

"如果去星巴克买咖啡，要记得他们菜单上没有小杯，中杯就是最小的。"你身边那位最懂吃喝玩乐、最有品味的朋友一定对你说过这句话吧？第一次听到的时候有没有觉得"哇，感觉好与众不同"？星巴克的杯子规格通常分为三个品类，对应的英文分别是 Tall/ Grande/ Venti，以畅销产品"咖啡拿铁"为例，价格分别是29元、32元、35元。

以前，有个名叫罗永浩的人在网上有一段流传甚广的视频，是他在星巴克狠狠地抽自己的脸。原因是他看着柜台上三个大小不一的咖啡杯，指着中间的说："我要中杯"。星巴克的服务员说："对不起先生，这个是大杯"。罗永浩说："行，

我就要这三个中的中杯。"星巴克的服务员很刚，说："这个是中杯，中杯、大杯、特大杯，这个是中杯。"罗永浩感觉自己被星巴克的文字游戏耍了，"你们这群奸商，明明是中杯却要叫大杯！"气得他连扇自己几个耳光，向星巴克表达不满。

问题：

1. 为什么星巴克不将品类分为小杯、中杯、大杯，而非要称作中杯、大杯、超大杯？

2. 为什么星巴克的咖啡要分为这三个价位？

术语解读：

感受价值定价法（Perceived-Value Pricing）：也称感受价值定价法、理解价值定价法。这种定价方法认为，某一产品的性能、质量、服务、品牌、包装和价格等，在消费者心目中都有一定的认识和评价。消费者往往根据他们对产品的认识、感受或理解的价值水平，综合购物经验、对市场行情和同类产品的了解而对价格作出评判。当商品价格水平与消费者对商品价值的理解水平大体一致时，消费者就会接受这种价格。反之，消费者就不会接受这个价格，商品就卖不出去。

反向定价法（Reversed Pricing）：又称可销价格匡法或倒算法。是指企业根据产品的市场需求状况和消费者能够接受的最终销售价格，通过价格预测和试销、评估，先确定消费者可以接受和理解的零售价格，然后倒推批发价格和出厂价格的定价方法。因其定价程序与一般成本定价法相反，故称反向定价法。另外，它是根据市场需求决定商品成本和确定出厂（进货）价格的，所以它是需求导向定价法的一种。

投标定价法（Tender-based Pricing）：是指采购方在报刊上刊登广告或发出函件，说明拟采购商品的品种、规格、数量等具体要求，邀请供应商在规定期限内投标，并在规定日期内开标，选择报价最低、最有利的供应商成交，签订采购合同。某供货企业如果想做这笔生意，就要在规定的期限内填写标单，密封交给招标人，这就是投标。这种价格是供货企业根据对竞争者报价的估计制定的，而不是按照供货企业自己的成本费用或市场需求来制定的。供货企业的目的在于赢得合同，所以它的报价一般低于竞争对手的报价。

现金折扣（Cash Discount）：又称销售折扣（Sale Discount），这是企业给那些当场或提前付清货款的顾客的一种减价。例如：顾客本应在 30 天内付清货款，但如果在 10 天内付清货款，则可得到 2% 的折扣。

数量折扣（Quantity Discount）：这是企业给那些大量购买某种产品的顾客的一种减价，以鼓励顾客购买更多的产品。例如：顾客购买 1 个苹果，每个苹果 2 元；顾客购买 10 个苹果，本该付 20 元，但是因为有满 10 减 10 的优惠，所以大部分顾客愿意花 10 元购买 10 个苹果，这样无形之中就提高了苹果的销量。

功能折扣（Functional Discount）：又称贸易折扣，是指生产者给某些批发商或零售商的一种额外折扣，促使它们执行某种市场营销功能（如推销、储存、服务等）。

季节折扣（Seasonal Discount）：是指为刺激非旺季商品销售而给予买方的价格折扣。

价格折让（Pricing Allowance）：是又一种类型的价目表价格的减价。例如：一部手机 5000 元，顾客以旧手机折价 600 元购买新手机，只需付 4400 元。如果经销商同意参加生产者的促销活动，则生产者卖给经销商的物品可以打折。这是一种常见的价格折让方式。

FOB 原产地定价（FOB Origin Pricing）：FOB Origin 是一种贸易条件，是指卖方需负责将某种产品（货物）运到产地的某种运输工具（如卡车、火车、船舶、飞机等）上交货，并承担一切风险和费用，交货后一切风险和费用（包括运费）一概由买方承担。所谓 FOB 原产地定价即按产地的某种运输工具上交货定价，就是顾客（双方）按照厂价购买某种产品，企业（卖方）只负责将这种产品运到产地的某种运输工具（如卡车、火车、船舶、飞机等）上交货。交货后，从产地到目的地的一切风险和费用一概由顾客承担。

统一交货定价（Uniform Delivered Pricing）：就是对于卖给不同地区顾客的某种产品，企业都按照相同的出厂价加相同的运费（按平均运费计算）定价。也就是说，对全国不同地区的顾客，不论远近都实行一个价。例如：上世纪初，日本人盛行穿布袜子，石桥便专门生产、经销布袜子。当时由于大小、布料和颜色的不同，袜子的品种多达 100 余种，价格也是一式一价，买卖很不方便。有一次，石桥乘电车时发现，无论远近车费一律都是 0.05 日元。由此他产生灵感，如果袜子都以同样的价格出售，必定能打开销路。然而，当他试行这种方法时，同行全都嘲笑他，认为如果价格一样，大家便会买大号袜子，小号的则会滞销，那么石桥必赔本无疑。但石桥胸有成竹，力排众议，仍然坚持统一定价。由于统一定价方便了买卖双方，深受顾客欢迎，布袜子的销量达到空前的数额。

分区定价（Zone Pricing）： 就是企业把全国（或某些地区）分为若干价格区，对于卖给不同价格区顾客的某种产品，分别制定不同的地区价格。比如：在城里卖 2 元一瓶的矿泉水在景区里定价 10 元一瓶。

基点定价（Basing-point pricing）： 即企业选定某些城市作为基点，然后按一定的厂价加上从基点城市到顾客所在地的运费来定价，而不管货物实际上是从哪个城市起运的。有些公司为了提高灵活性，选定多个基点城市，按照离顾客最近的基点城市计算运费。

运费免收定价（Freight Absorption Pricing）： 是指企业替买主负责全部或部分运费。企业采用运费免收价，一般是为了与购买者加强联系或开拓市场，通过扩大销量来抵补运费开支。

声望定价（Prestige Pricing）： 是一种有意识地给商品定高昂价格以提高商品地位的定价方法。"借声望定高价，以高价扬声望"是该定价方法的基本要领，这种定价方法主要抓住了消费者崇尚名牌的心理。该定价方法主要有两种目的：第一能提高产品形象，第二能满足某些消费者对地位和自我价值的欲望。但价格也不能高得目标市场不能接受。

尾数定价（Mantissa Pricing）： 是指在确定零售价格时以零头数结尾，使用户在心理上有一种便宜的感觉，或是按照风俗习惯的要求，价格尾数取吉利数字以扩大销售。这会使顾客产生大为便宜的感觉，属于心理定价策略的一种。第一，带有尾数的价格会使消费者认为企业定价是非常认真、精确的，连零头都算得清清楚楚，进而会对商家或企业的产品产生一种信任感。第二，标价 99.96 元的商品和 100.06 元的商品，虽然仅相差 0.1 元，但前者给消费者的感觉是"还不到 100 元"，而后者却使人产生"100多元"的想法，因此前者可以使消费者认为商品价格低、便宜，更令人易于接受。第三，由于民族习惯、社会风俗、文化传统和价值观念的影响，某些特殊数字常常会被赋予一些独特的涵义，企业在定价时如果能加以巧用，其产品就会因之而得到消费者的偏爱。例如：数字"8"作为价格尾数在我国南方和港澳地区比较流行，人们认为"8"即"发"，有吉祥如意的意味，因此企业经常采用。又如"4"及在西方国家的"13"被人们视为不吉利，因此企业在定价时应有意识地避开，以免引起消费者对企业产品的反感。

招徕定价（Loss Leader Pricing）：又称特价商品定价，是一种有意将少数商品降价以招徕吸引顾客的定价方式。商品的定价低于市价，一般都能引起消费者的注意，这是适合消费者"求廉"心理的。例如：某超市随机推出降价商品，每天、每时都有一两种商品降价出售，吸引顾客经常来采购低价商品，养成购买习惯，在抢购低价品的同时顺便选购其他正常价格的商品，这样往往比投入天价广告费用还要容易扩大影响力。

差别定价（Differential Pricing）：是指企业通过不同的营销努力，使同种同质的产品在消费者心目中树立起不同的产品形象，进而根据自身特点选取低于或高于竞争者的价格作为本企业的产品价格。

价格歧视（Price Discrimination）：通常指商品或服务的提供者在向不同的接受者提供相同等级、相同质量的商品或服务时，在接受者之间实行不同的销售价格或收费标准。经营者没有正当理由，就同一种商品或者服务，对条件相同的若干买主实行不同的售价，则构成价格歧视行为。

撇脂定价（Skim Pricing）：又称高价法，即将产品的价格定得较高，尽可能在产品生命初期，在竞争者研制出相似的产品之前，尽快地收回投资，并且取得相当的利润。然后随着时间的推移，再逐步降低价格使新产品进入弹性大的市场。一般而言，对于全新产品、受专利保护的产品、需求价格弹性小的产品、流行产品、未来市场形势难以测定的产品等，可以采用撇脂定价策略。

渗透定价（Penetration Pricing）：是以一个较低的产品价格打入市场，目的是在短期内加速市场成长，牺牲高毛利以期获得较高的销售量及市场占有率，进而产生显著的成本经济效益，使成本和价格得以不断降低。渗透价格并不意味着绝对的便宜，而是相对价格比较低。

系列产品定价（Pricing of Series Products）：指企业生产的产品不是单一的，而是相关的一组产品。与单一产品销售不同，系列产品定价必须兼顾产品之间的关系，以使整个产品系列获得最大的经济利益。一般来说，企业会采取将系列产品中价格弹性大的产品定低价、弹性小的产品定高价的定价策略。例如：如果两种等级产品之间的价格差异较小，购买者会选择质量较高的那种，而且此时两种产品的成本差异小于价格差异，将提高企业的总利润；如果价格差异较大，购买者会选择较低档的那种产品。

连带产品定价（Joint Product Pricing）：又称后继产品定价或补充产品定价，是指对那些必须与主要产品一同使用的产品的定价策略。例如：胶卷是照相机的连带品，剃须刀架是剃须刀的连带品。

分部定价（Pricing by Parts）：服务性行业经常面临和相关产品定价相似的问题，即收多少基本服务费用和可变服务费用。一般来说，就会运用分部定价的方法。收取相对低的固定费用，以便吸引消费者使用该服务项目，然后通过可变使用费获取利润。如电话用户每月至少要付基本话费，如果使用的次数超过基本数，那么还应该按规定另外付费。进游乐园先收取入场券的费用，如果游客要增加活动项目的话，那就再付费。

思考与练习：

1. 企业在定价时应该考虑哪些因素？怎样对这些因素进行分析？
2. 请以一个你熟悉的公司或产品为例分析它的定价策略。

扩展阅读：

定价策略巧妙提升用户体验

商业世界的竞争越来越激烈，得用户者得天下。如何赢得用户青睐，拼的是能否提供更好的用户体验。下面分享三个用定价策略巧妙提升用户体验的案例。

第一个提升用户体验的案例是麦当劳早餐咖啡的定价。众所周知,麦当劳早餐时段的鲜煮咖啡是可以免费续杯的。但麦当劳设置了小杯 9 元和大杯 10.5 元两个价格。刚看到这个价格可能觉得有些奇怪,既然能续杯,为什么还设置大小杯价格。其实这两个价格是为两种人群准备的。第一种人时间充裕,肯定选小杯的合适,价格便宜,喝完再续杯。第二种人时间紧,没时间续杯,但他只多花 1.5 元就能买到一杯比小杯量大很多的咖啡。通过两种价格,两种人都觉得非常划算。麦当劳用一个看似多余的设置,既满足了不同消费者的需求,还让两拨人都感觉自己赚了,获得了非常好的用户体验。

第二个提升用户体验的案例是《经济学人》这本杂志的定价。《经济学人》杂志社有三种订阅杂志的方式,分别是电子版 59 元、纸质版 125 元、电子版 + 纸质版 125 元。这种定价非常奇怪,第二种纸质版和第三种电子版 + 纸质版的价格都是 125 元,那怎么会有人只买纸质版呢?是定价失误吗,人们对这种定价方式感到奇怪。后来有人对一大批读者做了一个调查,发现大部分人会选择电子版 + 纸质版套餐。而这恰好是《经济学人》希望的,他们倾向于读者购买利润更高的纸质版。但如果只给出前两种选择方式,很多人不好判断该买便宜的电子版还是更贵但阅读体验更好的纸质版。这时列出第三种选择电子版 + 纸质版,而且价格和纸质版相同。这时人们马上就会觉得同样的价格肯定是选这种更合适。调查者对读者的这种行为给出的解释是,人们一般没有绝对价值的概念,只有在与其他商品进行优劣比较时才能判断出商品的价值。调查者后来在上课时对 100 名学生做了一个实验,重新验证了该结论。在有三种套餐可选择的情况下,16 人选了电子版,0 人选了纸质版,84 人选了电子版 + 纸质版。在只有电子版和电子版 + 纸质版两种套餐可选择的情况下,68 人选了电子版,只有 32 人选了电子版 + 纸质版。《经济学人》通过参考价格的巧妙设置,不但获得更高的利润,还提升了人们的满意度。所有人都觉得花了同样的价格能买到电子版 + 纸质版,比只有纸质版合适得多。

第三个提升客户体验的案例是宜家的甜筒冰激凌定价。宜家为了提升客户逗留时间,从而提升销量,设置了一些让客户体验不太好的地方,比如复杂的"地形",哪怕只买一件家具也需要走完整个商场;店员很少,找不到帮助;要自己从货架上搬货物;要排长队结账等。如果因此给客户留下了不好的体验,对宜家来说很不利。

怎么化解客户的不良体验呢？宜家用一个巧妙的低价产品改变了大家的看法。在结账的时候，客户已变成用户，宜家有 1 元钱的甜筒冰激凌答谢。这个价格看似赔本，但给人们的宜家购物之旅的结尾留下了非常好的印象。人们觉得占了便宜，这样就容易忽视购物过程中不好的体验。当人们再回忆起宜家的购物之旅时，会觉得整体行程都非常棒，因为只要下单，最后就有便宜可占。

每个商家都离不开给产品或服务定价，这看似简单，背后却有着很大的学问，也许不同的价格设置就会导致截然不同的销售结果。

第四章

广开销售渠道

▼

案例1　怎么快速地把青城山的山货卖出去？

我就读的学校地处青城山，是国际专家公认的猕猴桃最佳产地之一。此地早在1981年就开始人工栽培猕猴桃。我在担任大学生扶贫志愿者的时候就结识了几个当地的村民。他们家生产猕猴桃，产量高，多得吃不完，由于地处偏僻，浪费了不少。于是，我决定创业去卖猕猴桃，这既是社会实践，也对村民有所帮助。

青城山的猕猴桃表皮光洁，大小均匀，个头饱满，不但美观，富含营养和甜中带酸的口味也很适合亚洲人。我决定论颗售卖，一块钱一颗。因为房租较贵，商场、超市柜台费用较高，开专卖店、进超市都存在启动资金困难，我决定推着三轮车沿街叫卖。

一开始，没人品尝我的猕猴桃，他们觉得价格贵，无人购买，因此我决定买一颗送一颗。经过售卖发现一块钱两颗的利润也不错，于是我继续买一颗送一颗的活动。沿街叫卖后发现我的产品挺受欢迎的，销量不错，特别是在街子古镇，因为游客特别多，销售得特别好。我不用到处叫卖了，只要把车停在一家超市门口的空地上，买家会主动上来。超市经理看我销量不错，找我商量，称超市门口卖袜子的小店主不做了，租金一个月1000块，问我租不。有了一段时间的积累，我租了门面，简单装修，取了个店名叫"猴桃青"。

刚开业，周边街区也陆续出现卖猕猴桃的商家，虽质量不同，档次不一，但价格都比我便宜，生意有风险啊！压力山大啊！经过一夜思考，我决定给我的猕猴桃更好的包装，并在外包装上印上"猴桃青"的商标。同时，我及时到工商局注册了商标。有了品牌果然给力，生意更好了，忙不过来，我请了两个形象气质佳的商科大学生当兼职工。大学生觉得我的店铺形象不够光鲜气派，于是我花了3000块钱找人设计logo，提升了店铺形象，使之外观与周边迥异。

之前沿街叫卖时遇见的一位顾客打电话告诉我，称他很久没见到我了，得知我在街子古镇开店后，认为在他们洛带古镇也可以开个店。应了他的请求，我在洛带找到店面按照统一风格装修，又找了两个形象气质佳的大学生打理，洛带店铺正式营业。

猕猴桃确实质量上乘，越来越多的人爱上了"猴桃青"。有一天，有个做终端零售的妹子跟我说，她是云南人，想在丽江古镇开个这样的猕猴桃店，从我这里拿货，我欣然答应。于是，"猴桃青"第一次走出了四川，去到了省外。

又有一天，一直供货的村民告诉我，家里的猕猴桃不够了。这下警钟突然敲响，我第一次担心起了猕猴桃的产能、产量与销售量如何匹配的问题。不过经过多方打听和深入调研，发现省外也有种猕猴桃的人家正在愁销路。比如湖北宜昌农村的猕猴桃滞销情况较严重，我立即让几个合伙人出差去其他产地购买符合出品要求的猕猴桃，按统一规格包装，托运到本地，再将产品归类、分包，速送到每一个销售终端。

有个同学路过我的店，看到猕猴桃的生意不错，跟我商量，称他们M省的人也爱吃我们生产的"猴桃青"，希望我给他供货，他在M省卖并享有独家销售权。据了解，他有不少生意朋友，分居在M省各市、县，他们成了他的下线。

除了经营连锁店、做分供分销外，我开始拓展业务向超市进军。因为超市的巨大人流会给猕猴桃的销售提供更广阔的操作空间，利润潜力巨大。我与采购共同制定了超市营销方案：将"猴桃青"送到超市售卖，卖出去的超市按月结算，卖不出去的及时运回。

青城山的老乡们得知我完美地解决了一直困扰他们的猕猴桃滞销问题，又主动要求我增加销售项目，称青城山的老腊肉也挺好吃的，要我给老腊肉取名"山肉腊"，帮他们售卖。

至此，产品销售战线迅速扩张，多品牌战略开始打响！"山肉腊"的销售也走上了金光大道。

问题：

由于"猴桃青"和"山肉腊"质量较好，市场需求量骤升，销量一度持续向好。

但面对盛景，我的下游经销商合伙没有守住初心，代理开始违规从其他渠道压价进货，然后低价销售给终端，致使从正规渠道进货的经销商无法生存，假冒的猕猴桃和老腊肉冒充"猴桃青"和"山肉腊"充斥市场，价格战全线开启。"猴桃青"和"山肉腊"出售假冒劣质产品，全国轰动，最终导致销售市场假货泛滥，终端客户举报，质检部门抽查，品牌信誉一落千丈，供应商上门要债，公司被迫破产，我又回学校念书了。

请总结这个故事主人公"我"成功的原因和失败的教训。

术语解读：

销售终端（POS/Point of Sale）：是指产品销售渠道的最末端，是产品到达消费者完成交易的最终端口，是商品与消费者面对面展示和交易的场所，具体表现形式有商场专柜、专卖店、Office 店、连锁店、零售店等。

零售（Retail）：向最终消费者个人或社会集团出售生活消费品及相关服务，以供其最终消费之用的全部活动。

波士顿矩阵（Boston Matrix）：以市场增长率和相对市场份额为横纵坐标轴，将每个产品落入矩阵中，将其分为明星产品（Stars）、问题产品（Question Marks）、现金牛产品（Cash Cows）和瘦狗产品（Dogs）。

品牌（Brand）：是一种识别标志、精神象征、价值理念，是品质优异的核心体现。培育和创造品牌的过程也是不断创新的过程，自身有了创新的力量，才能在激烈的竞争中立于不败之地，继而巩固原有品牌资产，多层次、多角度、多领域地参与竞争。它包括公司的名称、产品或服务的商标和其他可以有别于竞争对手的标示、广告等要素，从而构成公司独特的市场形象，是公司的无形资产。

企业视觉形象识别系统（CIS：Corporate Identity System）：是企业大规模化经营而引发的企业对内对外管理行为的体现。以企业定位或企业经营理念为核心，对包括企业内部管理、对外关系活动、广告宣传以及其他以视觉和音响为手段的宣传活动在内的各个方面，进行组织化、系统化、统一性的综合设计，力求使企业所有方面以一种统一的形态显现于社会大众面前，产生良好的企业形象。CIS 一般包括 MI（理念识别）、BI（行为识别）、VI（视觉识别）。

视觉识别系统（VI: Visual Identity System）：指将企业的一切可视事物进行统一的视觉识别表现和标准化、专有化。通过 VI 将企业形象传达给社会公众。视觉识别系统（VI）又可分为两大主要方面：一是基础系统，包括企业名称、品牌标志、标准字体、印刷字体、标准图形、标准色彩、宣传口号、经营报告书和产品说明书八大要素；二是应用系统，它至少包括十大要素，即产品及其包装、生产环境和设备、展示场所和器具、交通运输工具、办公设备和用品、工作服及其饰物、广告设施和视听资料、公关用品和礼物、厂旗和厂徽、指示标识和路牌。

空间识别（SI: Space Identity）：是 VI 的衍生概念，其主要目的是在"三维空间""装潢规格化"作业，空间识别与传统装潢设计最大的不同在于它是系统性设计而非定点式设计，以适应连锁发展时会碰到每个店面尺寸不一的问题。规划项目包括：总则部分、管理原则、商圈确定、设计概念、空间设计、平面系统、天花板系统、地坪系统、配电及照明系统、展示系统、壁面系统、招牌系统、POP 及 Display、管理部分、材料说明、施工程序、估价、协力厂商配合作业原则。

理念识别（MI: Mind Identity）：是确立企业独具特色的经营理念，以及企业生产经营过程中设计、科研、生产、营销、服务、管理等经营理念的识别系统。是企业对当前和未来一个时期的经营目标、经营思想、营销方式和营销形态所作的总体规划和界定，主要包括：企业精神、企业价值观、企业信条、经营宗旨、经营方针、市场定位、产业构成、组织体制、社会责任和发展规划等，属于企业文化的意识形态范畴。

行为识别系统（BI: Behavior Identify）：直接反映企业理念的个性和特殊性，是企业实际经营理念与创造企业文化的准则，对企业运作方式统一规划而形成的动态识别系统。它是以经营理念为基本出发点，对内建立完善的组织制度、管理规范、职员教育、行为规范和福利制度；对外开拓市场调查、进行产品开发，透过社会公益文化活动、公共关系、营销活动等方式来传达企业理念，以获得社会公众对企业识别认同的形式。

授权经营（Licensing）：指通过与其他被授权方企业签订有关技术、管理、销售、工程承包等方面的合约，取得对该企业的某种管理控制权。强调授权方和被授权方的纽带是品牌。比如奥运组委会把福娃的标志授权给各种生产商，生产不同种类的物品，如围巾、笔、衣服等。

特许经营（Franchising）：指企业将包括商标使用权及一整套经营模式按照区域划分的原则特许给合作企业。特许企业拥有品牌所有权，经销商只有使用权。比如麦当劳、肯德基，经销商需要完完全全地复制品牌的经营模式，且不能随便扩张商品种类。

代理商（Agents）：指代企业打理生意，不是买断企业的产品，而是厂家给额度的一种经营行为，货物的所有权属于厂家而不是商家。他们不是自己用产品，而是代企业转手卖出去。所以代理商一般是企业，指赚取企业代理佣金的商业单位。

分销商（Distributor）：指那些专门从事将商品从生产者转移到消费者的活动的机构和人员，当这些分销商的活动产业化以后，分销业也就形成了。所谓的分销是分着来销。可见在销售的过程中已经考虑到了下家的情况，不是盲目销售而是有计划地销售，商家有服务终端的概念。简单来说就是卖别人的货，获得的差价属于分销商，分销分为代销和经销。

代销商（Commission Merchant）：以代销的方式向供应商采购货品，货物放在供应商的仓库里，所有权仍归供应商。买家在分销商店铺拍下宝贝后，生成订单的同时会同步生成采购单。由供应商直接发货给买家，系统实时分账。

经销商（Dealer）：类似于批发，有货物所有权。分销商通过分销平台下单后生成采购单，供应商发货给分销商，分销商自己囤货在仓库，后续可以在其店铺出售、自行发货。在分销商的店铺，买家拍下经销模式的商品后只会生成订单，不会同步生成采购单，由分销商自己发货给买家。

案例2　小米的直供渠道

在发展之初，小米的手机产品主要通过两条渠道分销。一是线上电商渠道，它具有成本低、传播迅速的特点；另一条渠道则是黄牛线上拿货，线下加价。黄牛能够获得货源紧缺以及高性价比带来的高溢价，自然对小米的产品乐此不疲。而对于用户来说，即便加价，小米手机在价格上也依然具有优势。在快速发展的成长期，黄牛功不可没。

售价 3999 元的小米 MIX 尊享版开卖之初在闲鱼等二手平台上甚至被炒到了上万元高价，一时间奇货可居。由于小米 MIX 产能过低，线上 + 线下黄牛渠道流通的数量并不多，除了小幅度提振品牌影响力，小米 MIX 的出现并没有带来太多实质性的影响。这样一来，渠道的优势就日益凸显出来。虽然传统的销售模式是多级分销，抬高了成本，但好处是覆盖率高、渗透力强。

线上渠道既然已经没有特别大的优势了，那么小米一定要走到线下。但实话实说，像 OV 这样的传统渠道并不适合小米。一是渠道建设周期太长；二是小米产品本身利润空间小，传统线下渠道商销售热情不高。而小米直供相比传统渠道最主要的不同就是省去了中间的各级经销商，尽量让售卖小米产品的个人或者商家获利最大。在一二线城市，直供的形式可以让小米省去架设渠道的时间和财力，直接向三四线城市渗透。

小米直供由小米官方直接发货并提供服务，对创业者的吸引力比较大。只要小米直供这一新建的自有渠道对售卖小米产品的分销商有足够的吸引，渠道拓展起来就会非常迅速，有望对传统的分级销售形成冲击。

但小米直供内测页面的每一项承诺都颇有难度。一是要看小米对小米直供商的扶持力度有多大。一般来讲，小米产品在其生命周期的导入期往往产能不会很高，市场需求迫切的产品如果不能迅速供货到线下，个人卖家只能售卖一些换代之前的产品，这将极大地影响直供渠道的销售热情。二是售后服务系统的建成非一朝一夕之功，需要持续不断的完善和优化。三是线下渠道最明显的优势就是购买体验。消费者到店的体验会直接影响用户购买决策，这就需要对销售商进行周密而系统的培训，而这又存在许多不可控因素。由分散的个人去调控运作品牌的口碑，对小米来讲也是颇具挑战的难题。如果能在前期准确筛选出优质的直供对象，进行重点培养，实现标准化，后期利用标准化快速扩大直供渠道，将有力地支持小米快速渗透进三四线城市的线下市场。

问题：

1. 小米的直供渠道能否长久？
2. 你如何看待当代企业的渠道创新？

术语解读：

供应链（Supply Chain）：是指产品生产和流通过程中所涉及的原材料供应商、生产商、分销商、零售商以及最终消费者等成员通过与上游、下游成员的连接（linkage）组成的网络结构。形象一点来说，我们可以把供应链描绘成一棵枝叶茂盛的大树：生产企业构成树根；独家代理商则是主杆；分销商是树枝和树梢；满树的绿叶红花是最终用户；在根与主杆、枝与杆的一个个结点蕴藏着一次次的流通，遍体相通的脉络便是信息管理系统。供应链上各企业之间的关系与生物学中的食物链类似。在"草—兔子—狼—狮子"这样一个简单的食物链中（为便于论述，假设在这一自然环境中只生存这四种生物），如果我们把兔子全部杀掉，那么草就会疯长起来，狼也会因兔子的灭绝而饿死，连最厉害的狮子也会因狼的死亡而慢慢饿死。供应链所连接的企业就如这个食物链中的每一种生物，他们之间是相互依存的，破坏链条中的任何一方，势必导致失去平衡，最终破坏整个生态环境。

10Ps 营销理论（The Marketing Theory of 10Ps）：市场需求或多或少地在某种程度上受到所谓"营销变量"或"营销要素"的影响。为了寻求一定的市场反应，企业要对这些要素进行有效的组合，从而满足市场需求，获得最大利润。10Ps 营销理论总结了 10 个要素，它们分别可以以 10 个以 P 开头的单词来概括：产品（Product）、价格（Price）、渠道（Place）、促销（Promotion）、探查（Probing）、划分（Partitioning）、优先（Prioritizing）、定位（Positioning）、公共关系（Public Relations）和政治权力（Politics Power）。

渠道结构优化（Channel Structure）：指为达到分销目标，为产品或服务设定一组渠道成员的关系和任务序列。比如说消费 PC 渠道，你的市场目标是今年在山东市场获得 5000 台的销售量，要获得这个销售量，你的分销目标覆盖山东的济南（2500 台）、青岛（1500 台）、潍坊（500 台）、烟台（500 台）几个地区。

商业逻辑与思辨

为达成这个目标,你必须设定一组渠道成员来覆盖这些区域,并为他们分配分销任务和确立它们之间的关系,比如谁做零售、谁做批发等。

思考与练习:

1. 请列举 1—2 个知名零售商并讨论他们的销售渠道与方式。
2. 你有什么样的措施来激励销售团队成员?

扩展阅读:

百事可乐的 22 个分销渠道

为了应对不断变化的市场形势,百事公司对渠道管理进行了一系列变革。在进行渠道变革之前,百事是借助经销商完成全国网络覆盖的,经销商承担了所有零售终端的供货。现代通路的运作却常常需要越过经销商与制造商直接做生意,而部分经销商也难以提供配套的销售服务;另一方面,大量的经销商存在,他们的覆盖区域狭小甚至重叠,常常发生窜货,价格失控。在这种背景下,百事公司在中国被迫重新审视其渠道策略。百事打破了原有的渠道格局,将大卖场、超市、便利店等现代通路独立出来,作为现代渠道(Modern Trade)的重要客户(Key Account),由百事直接负责供货。其余的客户全部归类到传统通路,作为传统渠道(Traditional Trade)仍然由经销商负责供货。

经过多年渠道整合,百事可乐在中国的目标分销渠道已经细分成为下列 22 个:

(1)传统食品零售渠道。如食品店、食品商场、副食品商场、菜市场等。

(2)超级市场渠道。包括独立超级市场、连锁超级市场、酒店和商场内的超级市场、批发式超级市场、自选商场、仓储式超级市场等。

(3)平价商场渠道。经营方式与超级市场基本相同,但区别在于经营规模较大,而毛利更低。平价商场通过大客流量、高销售额来获得利润,因此在饮料经营中往往采用鼓励整箱购买、价格更低的策略。

(4)食杂店渠道。通常设在居民区内,利用民居或临时性建筑和售货亭来经营食品、饮料、烟酒、调味品等生活必须品,如便利店、便民店、烟杂店、小卖部等。这些渠道分布面广、营业时间较长。

（5）百货商店渠道。即以经营多种日用工业品为主的综合性零售商店。内部除设有食品超市、食品柜台外，多附设快餐厅、休息冷饮厅、咖啡厅或冷食柜。

（6）购物及服务渠道。即以经营非饮料类商品为主的各类专业及服务行业，经常需带经营饮料。

（7）餐馆酒楼渠道。即各种档次的饭店、餐馆、酒楼，包括咖啡厅、酒吧、冷饮店等。

（8）快餐渠道。快餐店往往价格较低，客流量大，用餐时间较短，销量较大。

（9）街道摊贩渠道。即没有固定房屋、在街道边临时占地设摊、设备相对简陋、出售食品和烟酒的摊点，主要面向行人提供产品和服务，以即饮为主要消费方式。

（10）工矿企事业渠道。即工矿企事业单位为解决职工工作中饮料、工休时防暑降温以及节假日饮料发放等问题，采用公款订货的方式向职工提供饮料。

（11）办公机构渠道。即由各企业办事处、团体、机关等办公机构公款购买，用来招待客人或在节假日发放给职工。

（12）部队军营渠道。即由军队后勤部供应，以解决官兵日常生活、训练及军队请客、节假日联欢之需，一般还附设小卖部，经营食品、饮料、日常生活用品等，主要向部队官兵及其家属销售。

（13）大专院校渠道。即大专院校等住宿制教育场所内的小卖部、食堂、咖非冷饮店，主要面向在校学生和教师，提供学习生活等方面的饮料和食品服务。

（14）中小学校渠道。指设立在小学、中学、职业高中以及私立中、小学校等非住宿制学校内的小卖部，主要向在校学生提供课余时的饮料和食品服务（有些学校提供课余时的饮料和食品服务，有些学校提供学生上午加餐、午餐服务，同时提供饮料）。

（15）在职教育渠道。即设立在各党校、职工教育学校、专业技能培训学校等在职人员再教育机构的小卖部，主要向在校学习的人员提供饮料和食品服务。

（16）运动健身渠道。即设立在运动健身场所的出售饮料、食品、烟酒的柜台，主要为健身人员提供产品和服务；或指设立在竞赛场馆中的食品饮料柜台。

（17）娱乐场所渠道。指设立在娱乐场所内（如电影院、音乐厅、歌舞厅、游乐场等）的食品饮料柜台，主要向娱乐人士提供饮料服务。

(18) 交通窗口渠道。即机场、火车站、码头、汽车站等场所的小卖部以及火车、飞机、轮船上提供饮料服务的场所。

(19) 宾馆饭店渠道。集住宿、餐饮、娱乐为一体的宾馆、饭店、旅馆、招待所等场所的酒吧或小卖部。

(20) 旅游景点渠道。即设立在旅游景点(如公园、自然景观、人文景观、城市景观、历史景观及各种文化场馆等)向旅游和参观者提供服务的食品饮料售卖点。一般场所固定,采用柜台式交易,销售较大,价格偏高。

(21) 第三方消费渠道。即批发商、批发市场、批发中心、商品交易所等以批发为主要业务形式的饮料销售渠道。该渠道不面向消费者,只是商品流通的中间环节。

(22) 其他渠道。指各种商品展销会、食品博览会、集贸市场、各种促销活动等其他销售饮料的形式和场所。

(资料来源:张岩松,徐文飞《市场营销:理论·案例·实训》)

第二单元

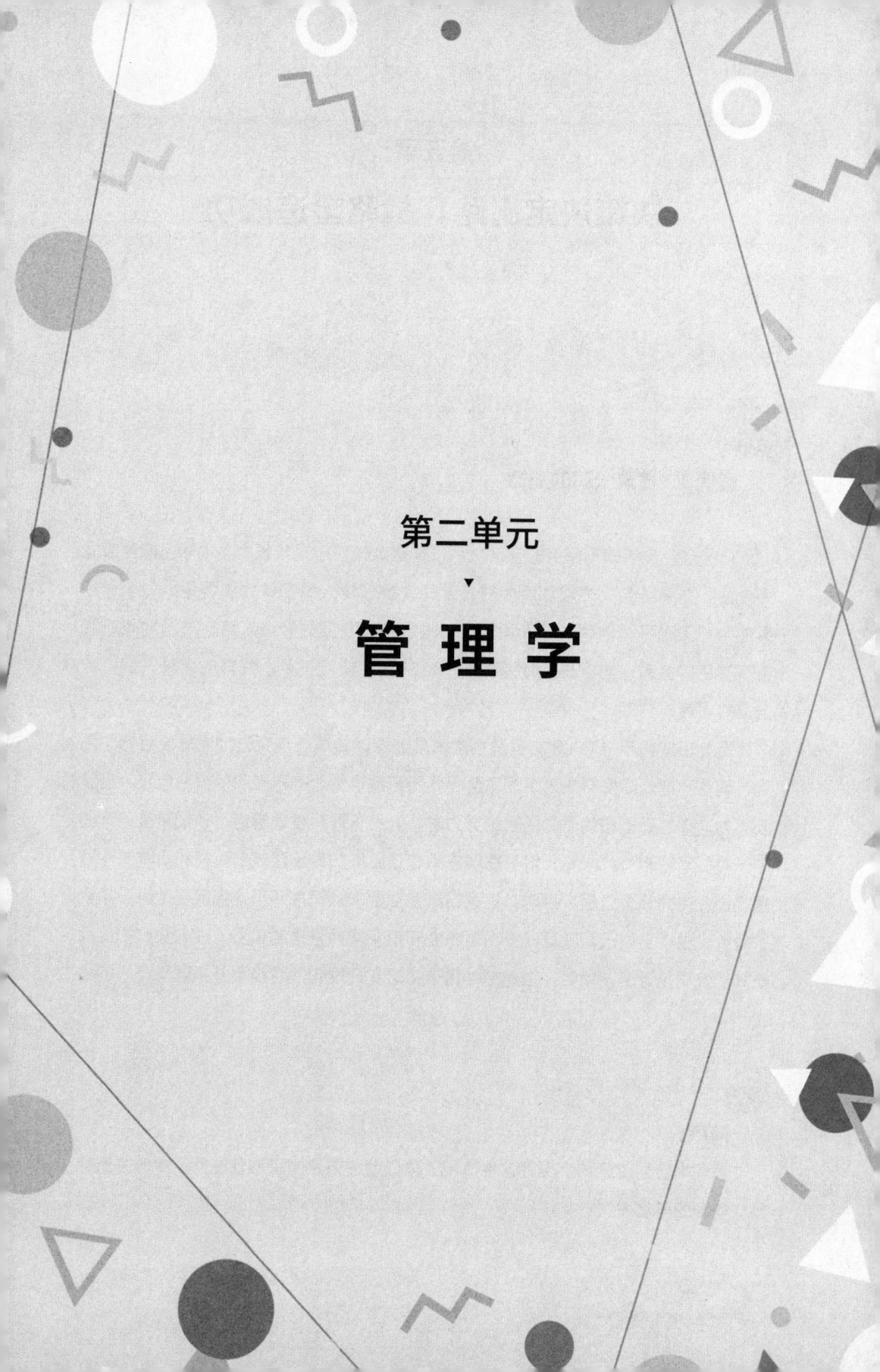

管理学

第五章
决策决定出路，战略塑造成功

▼

案例 1　建筑公司的遗憾

在经过几十年的不懈努力奋斗之后，某建筑公司已经成长为当地知名的建筑龙头企业。在总结公司的成功经验时，公司许多管理人员都认为主要是因为公司把握住了"天时""地利""人和"，如国家持续发展的经济形势、与当地政府和银行的良好关系、与客户长期合作而形成的稳定伙伴关系、优异的信誉、良好的员工素质等。

受北京成功申办 2008 年奥运会的消息鼓舞，公司决定突破地区发展目标的限制，确立了把公司发展成为中国乃至世界知名建筑企业的愿景和使命。但是，当该公司为这样的愿景和使命开始新的努力时，公司管理者发现曾经给他们带来好运的"天时""地利""人和"似乎都消失不在了。例如：该建筑公司在和日本的一家建筑企业谈判一个工程项目时，这家日本企业要求公司在两天之内就要给出该项目的报价。由于当时公司缺乏既懂项目专业知识又精通日语的人员，没有及时报价而被其他公司抢走了该项目，很遗憾地错失了这次开展国际合作和开拓国际市场的机会。

问题：

请问为什么该公司会出现这种情况？该公司在未来应采取什么样的措施来避免类似问题的再次发生？

术语解读：

一般环境： 亦称宏观环境或社会大环境，主要指对组织的发展会产生影响的、广泛的经济环境、政治和法律环境、社会文化环境、科技环境和全球化环境等。

具体环境： 往往指产业环境或行业环境，主要包括顾客、供应商、竞争者以及其他一些具体环境因素。

案例2　李宁是怎么实现凤凰涅槃的？

李宁公司的发展史可以称得上是消费领域里公司"困境反转"的典型案例之一。在2010年之前，受益于中国市场的增长红利，国内运动服饰的几家大型企业都抓住了历史性的发展机遇，其中作为典型代表企业的李宁在2004—2010年期间的营业收入的年复合增速达到了31%。但在2010年之后，随着整个运动服饰行业陷入调整期，李宁公司的经营也受到了严重影响，陷入了一段低迷的困顿时期。近年来，经过不懈的尝试、努力与突破，李宁公司在经营上终于有了一些起色，相关数据表现出向好的趋势，似乎预示着李宁公司即将走出低谷。

（一）困顿与迷茫

李宁公司曾经一度处于这样的境遇：如果一双标价800元的耐克鞋和一双标价700元的李宁鞋同时摆在消费者面前，消费者会选择耐克；如果一双标价330元的李宁鞋和一双标价250元的安踏鞋摆在消费者面前，消费者却会选择安踏。

消费者这样的消费行为直接反映出李宁公司的致命问题——定位上的尴尬。相比之下，耐克定位"时尚、高端"，安踏定位"低价、平民"，两者均有清晰的品牌定位。在不同品牌定位的召唤下，两个品牌都吸引了忠诚的品牌拥护者。

在 2008 年北京奥运会之后，李宁公司放弃了走高性价比道路的安全策略，试图树立高端品牌形象，因此大幅度提高了产品价格。结果在价格直追那些国外品牌的情况下，李宁失去了大量年龄稍大且看重性价比的老顾客，让他们转向了其他价格更低的国产品牌。

另一方面，为了摆脱"中国耐克"的跟随者形象，李宁公司于 2010 年将目标消费群体锁定在 90 后身上，倾力打造"90 后李宁"，并将广告语从"一切皆有可能"更改为"让改变发生"，力图体现品牌从"敢想"到"敢为"的进化，鼓励每个人勇于求变、勇于突破。公司对品牌标识也进行了重新设计。这些改变是公司为李宁品牌的国际化发展在战略布局。

但现实给了李宁公司当头一棒。在一场由公司特意发起的订货会上，李宁服装产品和鞋产品的订货数量分别下降超过 7% 和 8%，订货总金额同比下降约 6%。"新李宁"诞生之后，公司的转型举措并没有达到预期的效果，反而使公司的经营陷入了困境。

有人认为，李宁公司在这场战略布局上犯了几个错误：第一，变革太激进，彻底放弃正处于"现金牛"阶段的成熟市场，却花心思重新培育下一代消费人群；第二，公司自己确立的品牌定位与实际忠实消费群对产品的看法之间的差别巨大；第三，即使公司战略重点是年轻群体，采取多品牌策略不行吗？公司在面对 90 后消费者市场的时候，并没有与 90 后年轻人建立一个很有效的情感连接。

（二）反思与复苏

痛定思痛，李宁公司决意再次改革，重拾消费者和股东们的信心。2014 年底，董事会正式委任执行主席李宁兼任代理行政总裁，重新回归公司一线。2015 年 7 月，李宁公司宣布战略方向将由体育装备提供商向"互联网+运动生活体验"提供商转变。2015 年 8 月 8 日，在公司成立 25 周年的纪念日，李宁重启创始口号"一切皆有可能"。此外，公司开始逐步加强对费用的控制力度，2014 年底，公司正式宣布放弃赞助国家体操队。此后公司不断精简开支，减少不必要的电视广告和非体育明星代言，广告及市场推广费用占收入比重从 2013 年的 24.2% 不断下降至 2019 上半年的 8.9%。在品牌营销方面，公司最大的突破就是将李宁的产品推广至国际知名时装周，在获得巨大成功后，通过"中国李宁"这一品牌将海外影响力转化至国内市场，并赢得了年轻消费者的认可。

随着 2015 年之后多项改革措施的落地，公司的业绩开始复苏。公司的营业收入自 2015 年后始终保持两位数增长，至 2018 年已达 105.3 亿，同比增长 18.4%；归母净利润自 2015 年后由负转正，2018 年实现归母净利润 7.15 亿，同比增长 39%，复苏势头良好。

（资料来源：未来智库《困境反转的典型案例之李宁公司深度解析》）

问题：

1. 你认为李宁公司在 2008—2014 年期间改革失败的原因是什么？
2. 2015 年之后，李宁成功的原因是什么？你对李宁未来的发展有什么建议？

术语解读：

SWOT 分析法： 一种经常被用于企业战略制定、竞争对手分析等场合的分析方法。SWOT 是英文单词 Strengths、Weaknesses、Opportunities 和 Threats 的缩写，分别代表优势、劣势、机会和威胁四个要素。明白公司所拥有的资源优势和劣势，了解公司所面临的机会和挑战，对于制定公司未来的发展战略有着至关重要的意义。

决策： 就是为了实现某一目的而制定行动方案，并从若干个可行方案中选择一个满意方案的分析判断过程。

有限理性： 这一概念最早由美国经济学家阿罗提出，他认为人的行为是有意识的，是具有理性的，但这种理性又是有限的。因为人需要认知的对象是十分复杂的，并且又是时刻变化和发展的，而人的认知能力在一定阶段是有限的，无法完全把握住事物存在的全部情况与发展的所有可能。即便能够充分认知和把握个人认知能力范畴内的事物，想要获得足够的信息也是需要花费巨大的成本的，而这往往是一个人所支付不起的。

金牛业务： 波士顿矩阵（BCG Matrix，制定公司层战略最流行的方法之一）中对具有"业务增长率比较低、市场占有率比较高"特征的业务的称呼。对"金牛"

业务，公司一般采取的策略是稳定战略，维持其稳定生产，不再追加投资，以便尽可能地回收资金，获取利润。

案例 3　华为出售荣耀是明智之举吗？

2020 年 11 月 17 日，多家企业在《深圳特区报》发布了联合声明，深圳市智信新信息技术有限公司已与华为投资控股有限公司签署了收购协议，完成对荣耀品牌相关业务资产的全面收购。出售后，华为不再持有新荣耀公司的任何股份。

荣耀是华为在 2013 年成立的品牌。2020 年 4 月，荣耀品牌从华为体系中独立出来，成为华为的全资子公司。其实自 2013 年以来，荣耀一直以相对独立的运作模式经营，主要以对抗高喊"极致性价比"的小米手机作为自己的市场定位，产品坚持中低端价位。因为品牌形象良好、产品质量过硬、手机定价亲民，荣耀迅速占领了一定的市场份额，收获了一大批忠实用户，在年轻群体中获得了较好的口碑和品牌效应。

但是随着华为手机业务遭受重大冲击，荣耀品牌的供应链受到了严峻挑战，甚至可以说是到了绝境边缘。虽然有消息称，这种情况可能会随着国际环境的改变而得以缓解，但是远水解不了近渴。

华为此番出售荣耀品牌，可以使荣耀手机完全独立，从而使之在购买各种零部件方面可能不再受到禁令的影响。这对荣耀品牌、供应商以及中国电子业将是多赢的局面。华为希望卸下包袱，整合资源，让荣耀绝境求生，重获希望。

华为终究只是一个企业，当它面对相关国家使用国家层面的政策干预打击其经营活动时，一切反击显得那么无力。华为在声明中表示，对于交割后的荣耀，华为不占有任何股份，也不参与经营管理与决策。

对于华为出售荣耀事件，有人认为这是壮士断腕的悲壮之举，对荣耀品牌未来的发展不抱乐观，但也有人认为这是明智之举，会给华为和荣耀带来双赢的局面。

（资料来源：Ai 天下《华为出售荣耀：以退为进的战略布局》）

问题：
你认为华为出售荣耀是明智之举吗？为什么？

术语解读：

不确定性： 企业发展所处的环境往往具有不确定性。环境的不确定性程度由两个维度决定，一是企业所面临环境的变化程度，二是企业所面临环境的复杂程度。通常情况下，环境变化程度越低、环境复杂程度越低，环境的不确定性越小；环境条件越是多变、越是复杂，环境的不确定性越大。

集中化战略： 也称聚焦战略、专一化战略等，是指把经营战略的重点放在一个特定的目标市场上，为特定的地区或特定的购买者集团提供特殊的产品或服务。

差异化战略： 又称别具一格战略、特色优势战略，是指通过采取使企业的产品、服务、企业形象等明显区别于竞争对手的一系列措施而获得竞争优势的战略。这种战略的重点是创造被全行业和顾客都视为独特的产品和服务。差异化战略的方法多种多样，如产品差异化、服务差异化和形象差异化等。

案例 4 通威的绿色战略：从"授人以渔"到"渔光一体"

所谓"渔光一体"，是指近年来在中国出现的将水产养殖和太阳能产业相结合的生产方式，即在池塘中开展水产养殖的同时，在水面上架设光伏组件，开发太阳能发电的潜力，从而实现水下养鱼、水上发电的目标。

通威集团旗下的通威股份是一家上市公司，以饲料工业为主，同时涉足水产研究、水产养殖、肉制品加工、动物保健以及新能源等相关领域，是农业产业化国家重点龙头企业，也是全球最大的水产饲料生产企业和主要的畜禽饲料生产企业之一。在"为养殖户创造更多价值"的经营理念指引下，公司意外发现了自身发展"渔光一体"的可能性，并借力资本市场付诸实施，在履行社会责任的同时，实现了从饲料制造商向绿色农业供应商和绿色能源运营商的蜕变。

分布式光伏发电的发展背景

随着世界经济的快速发展，化石能源燃烧排放出的大量温室气体已成为全球气候变化的主要原因之一。作为应对举措，建立以可再生能源为主体的持久能源体系的重要性日益凸显。其中，太阳能资源以其分布广泛、就地可取、无需运输、对环境影响小等优势，被国际公认为未来最具竞争力的新能源之一。

对于中国而言，大力发展光伏电站同样具有重要意义。光伏电站主要分为集中式和分布式两种：前者是国家利用荒漠集中建设的大型光伏电站，发电直接并入公共电网；后者则主要基于建筑物表面，就近解决用户的用电问题。在土地资源稀缺的中国东部地区，发展分布式光伏产业已是必然之选。

自 2012 年起，中国国家能源局等有关部门开始大力推广分布式光伏发电应用示范区，并陆续出台了相关支持政策。

惠及多方的"渔光一体"项目

2012 年，我国第一个"渔光一体"项目在江苏省建湖县实现并网发电。此后，东部地区相继建设并网了多个"渔光一体"电站，成为东部地区建设光伏电站的重要选择。然而，通过对中国多地开展的"渔光一体"项目进行实地考察，通威集团主席刘汉元及其团队发现，目前"渔光一体"项目的另一主体——渔业养殖——还未得到足够重视。原因在于：首先，池塘安装用于固定光伏板的水泥桩会对捕鱼造成一定影响；其次，目前从事"渔光一体"的企业多为新能源企业，缺乏水产养殖方面的专业团队和实践经验；最后，"渔光一体"条件下会对养殖水体的水生水化条件产生一定的影响，因此，选择适宜的放养模式对于"渔光一体"项目中渔业养殖的成功十分关键。

2014年4到11月，通威股份的"渔光一体"养殖黄颡鱼模拟实验在南京通威水产科技园展开。根据模拟实验项目反馈的相关数据，光伏电站面积占鱼塘总面积的75%时，综合数据相对最佳。通威为此准备了项目可行性报告，决定在南京通威水产科技有限公司投资1100万元建设1兆瓦（1MWp）"渔光一体"项目。

根据南京市浦口区的光照条件，并按照当时国家和江苏当地的光伏补贴政策，以上网电价1.15元/度计算，每年发电收益为109.25万元，20年净现金流量为1235万元（扣除成本），每年净利润61.75万元，亩利润1.32万元。

通威的优势在于他们有着多年的水产养殖和饲料生产经验，与农户形成了广泛良好的合作基础。因此，其所创新的"渔光一体"生产模式——水上产出清洁能源、水下生产安全通威鱼——达到了光伏发电与渔业养殖一体化的有机结合，有着实现渔电双丰收的各方面基础。

成立新能源公司，借力资本市场

2014年12月，通威新能源成立，这是通威集团旗下专注于"渔光一体""农光互补""农户屋顶电站"等光伏发电项目的新公司。2015年5月，通威股份发布公告，拟向通威集团发行股份，购买其持有的通威新能源100%股权。本次交易完成前，通威股份已是集养殖技术研发、饲料生产和销售于一体的养殖综合服务供应商。此次交易完成后，通威股份的农业和光伏板块将形成协同增效。通威股份经过20年在农业领域强劲的业务拓展和运营，积累了可观的水面资源、土地资源和农户资源等，尤其是其子公司在渔业养殖方面累积了丰富经验，确立了行业优势地位。而这一切进一步促进了通威实施其新战略，即农业与光伏结合，开创了惠及多方的新盈利模式。

（资料来源：芮萌，谢淳《通威的绿色战略：从"授人以渔"到"渔光一体"》）

问题：

你认为作为一家经营饲料的公司，通威的战略选择是正确可行的吗？为什么？

术语解读：

多元化战略： 指企业为了更多地占领市场，或者为了开拓新市场，亦或是为了避免经营单一事业的风险而选择性地进入新的事业领域的战略。多元化战略可以分为相关多元化战略和非相关多元化战略。

一体化战略： 是指企业对具有竞争优势和增长潜力的产品或业务沿着其经营链条纵向或者横向延展其业务的深度和广度，扩大经营规模，以实现企业成长的战略。一体化战略分为纵向一体化战略和横向一体化战略。

社会责任： 通常指组织追求有利于社会长远目标实现的一种义务，它超越了组织在法律上与经济上所应承担的义务。承担社会责任是组织在管理道德上的要求，是组织做出的高于义务的自愿行为。

可持续发展战略： 是指既能满足当前需要又不影响未来后代发展需求的战略选择。可持续发展战略意味着在战略的计划和实施中需要关注如何维护、合理使用并且增加自然资源。

思考与练习：

1. 请用本章所学知识来解释一下"温水煮青蛙"的故事。

2. 讨论题：支持企业搞多元化投资的人认为，多元化投资的最大好处就是能有效地分散单一投资可能引起的投资风险，正所谓"东方不亮西方亮"嘛。但是，反对的人认为，多元化是"陷阱"而不是"馅饼"，因为多元化失败的案例也不少，例如三九集团、巨人集团、春兰空调、韩国大宇、美国运通等。请问你对此的观点是什么？

3. 如果你准备成立一家销售休闲食品的公司，你将采用什么样的战略来开拓市场呢？

4. 如何理解下列寓言故事？有何寓意？

麦穗哲理

传说古希腊哲学大师苏格拉底的3个弟子曾求教老师，怎样才能找到理想的人生伴侣。苏格拉底没有直接回答，却带领弟子们来到一片麦田，让他们每人选摘一支最大的麦穗，但不能走回头路且只能摘一支。第一个人刚走几步便迫不及待地摘了一支自认为是最大的麦穗，结果发现后面的大麦穗多得是，他后悔极了；第二个人边走边看，总能看见前面有更大的麦穗，直到终点才发现，最大的麦穗已经错过了，只能随手摘了一支了事；第三个人用目光把麦田分为三块地，走进第一块地时心中大致了解了大、中、小三类麦穗，但只看不摘，在走过第二块地时选择了目光里最大的一支麦穗，然后拿着麦穗哼着歌，从第三块地里穿了过去。

扩展阅读：

如何通过"波特五力模型"分析竞争力优势？

我女朋友的大舅在一个大学附近开了一家奶茶店。几周前，他跟我埋怨说，马路斜对面新开的奶茶店抢走了他不少顾客。

为了讨好女朋友以及她的大舅，我决定亮出学到的商业分析必杀技之一，即"波特五力模型"来帮助他。

"波特五力模型"是由美国的迈克尔·波特提出的。他认为每家企业都受到五种竞争力的影响，分别是：行业内竞争者的竞争能力、潜在竞争者的进入能力、替代品的替代能力、供应商的议价能力、购买者的议价能力。

接下来，我开始使用"波特五力模型"来分析大舅奶茶店的竞争对手都有哪些，以便制定对策。

一、行业内竞争者：也就是奶茶行业的竞争者。马路斜对面的奶茶店尽管是新近开张的，但也会对大舅奶茶店的经营有影响。因此，我建议可以考虑和其他商家比如火锅店、烧烤店建立联盟，也可以考虑做一些有自己特色的奶茶产品。

二、潜在的新进奶茶店：奶茶行业的门槛比较低，竞争激烈。因此，我建议可以向顾客提供增值服务或者实行充值送券，以稳定客源。

三、奶茶替代品：顾客如果不喝大舅奶茶店的奶茶，他们会选择附近的什么饮料呢？经过一番侦察，我发现附近分布有一家咖啡店和一家茶馆，当然还有好几家卖可乐的小卖部。在与咖啡、茶、可乐等饮料进行了一番优缺点比较之后，我们决定开发几款以"健康、快捷、时尚"为特色的奶茶产品，以应对其他饮料的竞争。

四、供应商：目前，奶茶的原料供应商是本地的一家大型供应商。以大舅奶茶店的奶茶销量，我们对于这样的大型供应商是没啥谈判优势可言的，但未来我们可以考虑多找几家供应商，或者签订长期合作协议，这就可以尽量降低因供应商单一所带来的影响。

五、顾客：其实，顾客也是有议价能力的。奶茶店附近的大学生是奶茶的消费主力，如果他们对奶茶店不满意，奶茶店就很难生存下去，因此我建议大舅对这些大学生实行"满八杯送一杯"的优惠活动。这样虽然少赚了一点，但却把主要的顾客留住了。此外，还可以和学生喜爱的餐饮店铺组成联盟，以增加和顾客谈判的力量。

在听过我的分析和建议之后，大舅对我佩不佩服我倒不在意，反正我只知道，在女朋友的心目中，我的形象又得到了加分。在女朋友的强烈要求下，我准备再用"五力模型"来为她的职业发展"把把脉"，因为"波特五力模型"不仅适用于商业分析，也可以被借用来分析自己在职业发展上的职场竞争力。

第六章
组织的骨架和精神——组织架构与组织文化

▼

案例 1　王厂长的烦恼

受益于我国脱贫攻坚政策的扶持和自身坚持不懈的努力，某专门从事地方传统工艺品生产的小企业逐步发展成为当地的一家知名企业，其销售额和出口额近十年来平均增长 15% 以上，员工也由原来的不足 200 人增加到了 2000 多人。然而，企业还在沿用公司以前确定的类似直线型的组织结构，企业一把手王厂长既管销售又管生产，是一个全能型的多面手。最近企业发生了一些事情，让王厂长应接不暇。其一，生产一般是按订单组织生产的，生产指令基本由厂长直接下达。碰到交货时间紧、任务重的情况，厂长往往带头和员工一起挑灯夜战。虽然按时交货了，却也时常出现因质量不过关，产品被退回并被索赔的情况。其二，以前企业招聘员工人数少，所以当时王厂长一个人就可以拍板决定该录用哪些新人。但是，现在该企业每年要招收大中专毕业生近 50 人，另外还要牵涉人员培训等事项，按以前的做法就应付不过来了。其三，过去总是王厂长临时抓人去做后勤等工作，现在这方面工作太多，临时抓人去做已经做不了也做不好了。凡此种种，以前行之有效的管理模式显然在现在已失去管理作用了。

问题：
请从组织架构的角度说明该企业存在的问题，并提出改进的建议。

术语解读：

工作专门化： 通过动作和时间研究，将工作分解为若干个很小的单一化、标准化及专业化的操作内容与操作程序，以达到提高工作效率的目的。也就是说，个人只专注于从事某项活动的一部分，而不必关注整项活动。

组织结构： 是组织中正式确定的、使工作任务得以分解、组合和协调的框架体系。一般情况下，组织通过纵向和横向两个维度的不同权力与职能的分配组合，形成了不同的组织结构。

管理幅度： 又被称为管理跨度，是指一名领导者直接领导的下级人员的数量。例如，副经理直接领导多少名主任和科长。上级直接领导的下级人数越多，则管理幅度越大，反之则管理幅度越小。

案例 2　美的集团的成功

美的集团从最初以相当于 600 美元的资金开始创业，到后来发展成为中国第一家上市的乡镇企业，再到成为在《财富》杂志发布的 2019 年世界 500 强榜单中排名第 312 位的大型企业集团，其重要原因是建立了现代企业制度和进行了组织结构的变革。

1992 年，美的率先进行了股份制改造。1993 年，美的在深圳证券交易所挂牌上市，成为中国乡镇企业中第一家改组上市的股份制公司。

1996—1997 年，美的在发展中遇到了经营困难，业绩大幅滑坡，美的空调从 1990—1994 年的全国销量第三名滑落至 1996 年的第七名。美的当时和中国众多的乡镇企业和民营企业一样，实行的是直线式管理，总裁既抓销售又抓生产。在乡镇企业发展早期，这种集权式管理发挥了"船小掉头快"的优势。企业规模大了，生产仍由总部统一管理，五大类一千多种产品由总部统一销售，造成产品生产与销售脱节。在困境面前，美的选择了事业部制改造。

改革使公司总部从琐事管理中解放出来，能专心进行总体战略决策，以及把控各部门负责人任免的人事权、规模额度和投资额度。以销售为例，总部不参与各个产品的具体销售，只负责美的集团整体形象的推广和全国各地销售网的协调；同时，总部派出商务代表，协调各省销售利益的矛盾。

事业部制改造的成效在 1998 年初见成效。这一年，美的空调产销 100 多万台，增长 80%；风扇产销 1000 多万台，高居全球销量冠军宝座；电饭煲产销 150 万台，稳坐行业头把交椅；其他小家电（饮水机、微波炉、洗碗机等）的产销量亦名列行业前茅。

2000 年，美的集团全面推行机构改革，在分公司下设立了二级子公司。

美的集团总部设立的资源管理中心控制了集团的资产，对利润和资金进行集中管理。分公司有独立的投资圈，但每一年各分公司都要提前上报投资规划，由集团企划投资部根据一年的投资规划统一安排。

问题：

1. 美的集团为什么要进行机构改革？
2. 美的改革前和改革后分别采用了什么机构形式？它们对美的不同时期的经营管理有什么影响？
3. 改革后，美的集团在管理体制上发生了哪些变化？

术语解读：

集权与分权： 集权是把决策权集中在组织领导层，下级只能依据上级的决定和指示办事，一切行动听上级指挥。分权是指组织领导层将决策权较多地分配给下级，使下级能够在一定的权限范围内自主地决定问题，自行履行职责。集权与分权是相对概念，而不是绝对概念。两者像一对欢喜冤家，既相互矛盾，又密不可分。集权与分权都是开展组织管理活动所必不可少的手段。

直线型组织结构： 是一种最基本的组织结构形式。直线型组织结构的特点是组织中的各种职务按垂直系统直线排列，各级主管人员对所属下级拥有直接的一切职权，组织中的每一个人只能向一个直接的上级报告，从最高管理层到最低层管理，上下垂直领导，中间没有专门的参谋职能部门。

事业部制组织结构： 是一种组织设计方式，亦称 M 型结构、多部门结构或者分公司制结构，其特点是组织按产品或地区设立事业部（或大型子公司），每个事业部都有自己较完整的职能机构。这种组织结构是分权型的组织结构形式，是一种高层集权下的分权管理体制，遵循分级管理、分级核算和自负盈亏的原则。

扁平化管理： 通过增加管理幅度而不是增加管理层次来应对企业规模的扩大。这种管理幅度增加而管理层次减少的方式，使企业组织形式的金字塔被压缩为扁平状，从而在一定程度上解决了企业因为层级过多而导致的管理问题。

案例 3　时代华纳与美国在线的合并为何终结？

2009 年 12 月 9 日，传媒巨头时代华纳公司正式剥离旗下子公司美国在线。分拆后，美国在线将成为一家独立上市的互联网公司，专注于发展广告业务，但仍是美国最大的互联网服务提供商之一；时代华纳则专注于内容业务。

在并购前，无论从盈利模式还是合作理念上，两家公司的合并曾被看作是传统媒体与新媒体的天作之合。时代华纳希望借助美国在线的平台优势进军新媒体市场，而美国在线则需要时代华纳的有线电视业务作为新的盈利增长点，这是当时两者"联姻"的出发点。

在与时代华纳合并的十年间，美国在线的市值已经从顶峰的 1630 亿美元缩水至 2009 年的不足 30 亿美元。而曾经无比庞大的时代华纳也同样遭遇诸多问题。

曾经被誉为媒介融合典范的美国在线与时代华纳合并之所以走向解体，是多种因素共同激荡的结果，大致可分为内因、外因和直接原因。

内因是两家公司始终无法整合，非但没有形成强强联合、优势互补的局面，相反各自的优势都在互相抵消。这主要体现为以下三个方面：

第一，业务资源整合不力。由于网络带宽、传输等技术方面的限制，美国在线难以消化时代华纳庞大的内容资源。时代华纳的内容没有通过美国在线的网络服务出售给消费者，并建立成功的盈利模式。双方一直未能找到充分发挥各自优势的新盈利模式，对各自原有的核心竞争力形成了一种路径依赖。

上世纪 90 年代末的网络科技股泡沫破裂，加上宽带互联网对拨号上网业务的冲击，自美国在线与时代华纳合并以来，美国在线广告营收一直不理想，而时代华纳欲借助前者网络优势发展已有业务的打算也落空了。集团公司本来想把跨媒体广告业务当作新的经济增长点，计划将杂志、书籍、有线服务、动画等传统媒体业务与网络服务的新经济运营模式很好地结合起来。但实际操作起来，美国在线只是充当了时代华纳的各种内容产品的在线推广工具。

第二，经营策略整合不力。"网络＋内容"服务模式的技术基石不是美国在线擅长的窄带拨号接入而是宽带服务，公司曾为投资者画出高速互联网的蓝图，然而却迟迟不能付诸实施。窄带服务收费 23.90 美元／月，上网速度每秒 56K，宽带服务收费 45 美元／月，速度每秒 1.5M，比前者快 25 倍，拨号无法与宽带竞争。但美国在线害怕宽带对拨号带来大面积影响，进入宽带市场时迟疑不决，错过了最佳时机。在网络用户增势减缓的情况下，新老客户被宽带网或拨号服务的竞争对手吸引，最基本的业务受到很大冲击。

到 2002 年，美国在线虽然还是拨号连接领域无可争议的老大，但宽带时代已经来临。由于有线电视和本地电话公司是宽带连接的主要提供商，而以拨号连接见长的美国在线基本无法进行客户的升级，反而是时代华纳有线电视网拥有的 1300 万用户资源为美国在线向宽带连接的转型提供了空前的资源，这让时代华纳耿耿于怀。

第三，企业文化整合不力。时代华纳作为传统媒体企业，在长期发展的过程中积累了深厚的文化底蕴，并有准确把握市场需求的能力，善于从经验中吸取教训，不断推出新产品。美国在线则是一个年轻的互联网公司，其企业文化是以用户接入服务为导向，以快速抢占市场为首要目标，操作灵活，决策迅速。合并后，集团管理层缺乏跨行业管理与整合的经验，双方一直存在着隔阂与冲突。市场研究公司 Gartner 的分析师雷巴尔德斯回忆，合并之后，时代华纳和美国在线双方的管理层一直都争执得很厉害，两种完全不同的商业模式几乎从来没有很好地合作过，"华纳就像一批老派的西装笔挺的人，跟习惯穿牛仔裤工作的技术人员是很难相处的。"

外因源于以 Web2.0 为代表的新一代互联网媒体模式的出现，内容生产不再局限于组织化形式，内容来源也不再依赖于传统媒体。

美国在线与时代华纳刚合并的时候，互联网尚欠发达，人们能够获得信息的渠道也大多来自传统媒体。就理念而言，传统媒体仅仅将互联网作为其自身内容的"再转载媒体"，互联网也正好将传统媒体内容作为其带动流量的重要手段。

美国在线首席执行官凯斯曾在合并之初雄心勃勃地表示："我们将彻底改变媒体和互联网世界的面貌。"但真正改变互联网和媒体世界面貌的却是谷歌这一当时不起眼的小公司。

搜索引擎曾被认为毫无商业价值可言，然而谷歌却凭此项服务逐渐发展壮大。谷歌自身不生产任何内容，不干涉媒体公司的内容编辑，不分享媒体公司的广告收益。但是，谷歌却能够从其提供的后台服务中研究用户访问的行为，优化自己的网站，提升用户的访问体验，进而提升广告收益，形成了自己对互联网市场的控制力。

交互式服务、增值服务已经成为目前互联网盈利的主流模式。正如观察人士指出，美国在线是拨号网络时代的巨人，但现在已经成了步履蹒跚、需要搀扶的老人。

不能不提的还有投资者的压力，这是时代华纳剥离美国在线的直接原因。华尔街投资者对多元化媒体集团能否成功发挥多样化资产组合所带来的"协作优势"已经产生了怀疑，因为投资者很难弄清楚这些跨行业的大规模媒体集团内部的复杂关系，更不用说对其中的投资风险做出准确评估了。而分拆后，时代华纳方面称，公司将增加公司的股票分红或者采取其他措施返还一些储备金给投资者。

对于时代华纳而言，美国在线被剥离后，它似乎终于解脱了。"分拆是时代华纳重组计划中的一项关键性举措。这将使两家公司在运营和战略层面上获得更大的灵活性，对于时代华纳和美国在线而言都是最理想的结果。"时代华纳董事长兼 CEO 杰夫·比克斯（Jeff Bewkes）如此表示。

《财富》杂志网络版则载文称：分拆后，时代华纳将失去美国在线这只肥壮的"现金牛"。据业内估计，2008 年，虽然出现巨亏，但美国在线还是为时代华纳贡献了约三分之一的现金流（不包括有线电视业务）。而据时代华纳公布的资料，美国在线在时代华纳的现金流中所占份额约为 20%，为 10 亿美元。分家后，美国在线的新战略则以内容为中心，希望借此吸引流量并获取广告收入。美国在线的 CEO 蒂姆·阿姆斯特朗（Tim Armstrong）希望将该公司打造成为"高质量网络内容的最大生产者以及网络展示广告的最大卖家"。

问题：

时代华纳与美国在线的"强强联姻"为何以失败而告终？

术语解读：

组织文化：是组织在其管理实践中逐步形成的、常常由组织高层领导者大力倡导培育的、为全体员工所认同并遵守的、具有组织特色的价值观念、团体意识、行为规范和思维模式的总和。

价值观：指组织评判事物和指导行为的基本信念、总体观点和选择方针。它是一种以组织为主体的价值取向，是获得组织内部绝大多数人共同认可的价值观念。价值观是组织文化的核心，基本内容包括：组织是为了什么？组织追求什么样的目的？组织提倡什么、反对什么？等等。

案例 4　海底捞你学不会？

海底捞的崛起已成为一种现象，无论对餐饮业还是对其他行业都是一种启示。海底捞因为打造超越性的服务而为外人所称道，而这种服务的支撑主要来自其内部强烈而独特的文化意识。

"海底捞你学不会"指的就是这种"文化"的独特性。海底捞是个标准的情感型文化，从努力营造大家庭气氛、内部按部就班的晋升、不考核单店利润等因素可以看出，它是"重关系、轻目标"的文化。老板张勇的精明之处就在于很多政策和措施都是在不断强化情感型文化的正面作用，同时努力避免负面情感文化的滋生。

从选人上，海底捞注重有感恩意识的员工的培养。情感型文化就是大家庭模式，大家庭就是要求感念父母之恩、师徒之恩，以此传承，形成上下牢固的统属关系。据说，每当提拔重要干部的时候，不论其家庭多远，张勇都要到家里去拜访员工的父母和乡邻，这种行为既是一种情感文化、家庭文化的传达，也是一种遴选干部的考核条件。从某种意义上讲，张勇其实也是去看看这个员工在家庭中是不是孝子孝女，邻里乡亲对该员工怎么评价，以此考察员工素质与企业文化是否协调一致。

海底捞欢迎员工介绍新员工加入，这使得海底捞员工之间常常是朋友关系、亲属关系或者亲戚关系，这也是打造大家庭文化的重要手段之一。当然，海底捞并非只是一味满足员工的需求，公司对员工的淘汰率其实很高。可以想见，这些被淘汰的员工除了工作能力的问题以外，很大一部分也是因为不能适应"大家庭"的管理理念和管理方式。

海底捞关注员工胜于关注单位利润的创造，对员工的待遇是其他餐饮业望尘莫及的。海底捞也从不考核单店利润，总公司对每个分店最关心的是顾客满意度和员工满意度，只要顾客和员工满意了，利润自然会有。而且，利润的高低只取决于大环境的好坏和店址等几个因素，这些都不是店长所能够左右的。试想一下，有哪个企业不是把子公司或分公司的利润放在最重要的考核地位上的？所以，"海底捞你学不会"是有一定道理的。

（资料来源：季玉龙《很有意思的海底捞文化》）

问题：
"海底捞你学不会"，这种说法你同意吗？为什么？

术语解读：

强文化：指组织的核心价值观在组织内部得到强烈的认可和广泛的认同的组织文化。接受这种核心价值观的组织成员越多，他们对这种价值观的信仰越坚定，企业文化就越强。企业文化越强，就会对员工的行为产生越大的影响。在强文化组织中，文化可能会取代指导员工的正式规则和规定。

霍夫斯泰德框架：霍夫斯泰德文化维度理论是荷兰心理学家吉尔特·霍夫斯泰德提出的用来衡量不同国家文化差异的一个框架。他认为文化是在一个环境下人们共同拥有的心理程序，能将一群人与其他人区分开来。最初，他从四个维度归纳了跨文化的差异，即权力距离（Power Distance Index）、个人主义/集体主义（Individualism VS Collectivism）、男性化倾向/女性化倾向（Masculinity VS Femininity）以及对风险的规避（Uncertainty Avoidance Index）。后来随着理论的发展，他的理论采纳了迈克尔·明科夫（Michael Minkov）等学者的理论补充，增加了长期导向/短期导向（Long-term Orientation VS Short-term Orientation）、自身放任与约束（Indulgence VS Restraint）两个维度。

思考与练习：

1. 对于一个管理者来说，管理幅度越宽越好吗？为什么？
2. 除了直线型组织结构、事业部制组织结构，你还知道哪些常见的组织结构？他们各自的优缺点是什么？

3. 假设你是一位领导，为了搞好组织文化建设，你准备具体做些什么？

4. 请与同学分享一下你所知道的一些知名企业的企业文化（例如华为的狼性文化、阿里巴巴的六脉神剑文化）。

扩展阅读：

组织结构的演变——未来的组织结构长啥样？

当今，很多公司正在对其传统的等级组织结构进行重新设计，这种传统组织结构曾经是围绕职能专门化和集权化而构建的。在20世纪80年代末期和90年代早期，有很多公司缩减了其组织规模，旨在进行分权，将金字塔式的组织结构改变为分权的扁平组织结构。

随着人们对命令—控制等级组织结构的认识不断加深，这种变化越来越明显。当今，顾客偏好正在由标准产品转向定制产品，产品生命周期越来越短，定制的大规模生产方法正在取代标准的大规模生产技术，顾客希望被当成个体来对待，技术在不断改变，市场环境也在不断变化。因此，对处于这种环境中的企业而言，过去的层级组织结构变得越来越不可靠。传统的等级制要求大量的检查和控制，员工必须等待高层管理人员的回复和同意后才能行动，这样就不能对顾客服务要求做出准确反应，不能及时适应变化的环境。同时，在这样一个易变的、不确定的企业环境中，职能的约束、工作的任务导向以及战略关键活动的分离进一步导致了组织竞争力的弱化。

在2013—2015年间发生的公司组织结构调整和组织规模缩减，使直线性的组织活动进一步精炼，变革显得更加彻底了。改革的目标是使组织更加流畅、扁平，对变化反应更加迅速。很多公司在进行组织结构设计时采用了以下五种工具：

1. 授权管理人员和员工根据自己的判断来行动；
2. 工作流程再造；
3. 自我导向的工作团队；
4. 快速运用网络技术；
5. 通过与外部人员合作来提高现有组织竞争力，并创建新的能力。

利用资源优势和竞争能力（这种能力越来越多地建立在人力资本的基础上）来

战胜竞争对手，这日益成为企业管理工作的重点。

未来的组织将具有以下几个新的特点：

1. 存在于纵向等级之间、职能部门之间、地区部门之间，公司与其供应商、分销商、零售商、战略联盟伙伴以及顾客之间的阻碍越来越少；

2. 组织对变化的反应和快速学习的能力越来越强；

3. 不同职能部门和地区间的人员进行合作，是创建组织竞争力和能力的重要条件；

4. 网络技术和电子商务广泛应用：实时数据和信息系统大量使用，依靠在线系统与顾客和供应商进行交易，与供应商、顾客及战略伙伴之间基于网络的沟通和合作。

第七章
卓越领导，激励人心

▼

案例 1　哪种领导类型最有效？

ABC 公司是国外一家中等规模的汽车配件生产集团。最近，该公司对三个重要部门的经理进行了一次有关领导类型的调查。

（1）安西尔

安西尔对他所在部门的业绩感到自豪。他总是强调对生产过程、产出产量控制的必要性，坚持下属人员必须很好地理解生产指令以得到迅速、完整、准确的反馈。每当遇到小问题时，安西尔都会放手交给下级去处理；当问题很严重时，他则委派几个有能力的下属人员去解决问题。通常情况下，他只是大致规定下属人员的工作方针以及完成期限。安西尔认为只有这样才能产生更好的合作，避免重复劳动。

安西尔认为，对下属人员采取敬而远之的态度，这对一个经理来说是最好的行为方式，而所谓的"亲密无间"会导致纪律松懈。他不主张公开谴责或表扬某个员工，因为他相信自己的每一位下属都是有自知之明的。

安西尔说，管理中的最大问题是下级不愿意承担责任。他的下属人员本可以完成许多任务，但他们并不是很努力地去做。他不能理解在以前他的下属如何能与一个毫无能力的前任经理相处。他说，他的上司对他们现在的工作情况非常满意。

（2）鲍勃

鲍勃认为每个员工都有人权，他接受管理者有义务和责任去满足员工需要的管理理念。他常会为他的员工做一些小事，如给员工两张下月在伽里略城举行的艺术展览的入场券。他认为，每张门票才 15 美元，但对员工和他的妻子来说其意义却远超 15 美元。这种方式也是对员工过去几个月工作表现的肯定。

鲍勃认为，他每天都要到工厂去一趟，与至少四分之一的员工进行交谈。鲍勃不愿意为难别人，他认为安西尔的管理方式过于死板，安西尔的下属也许并不那么满意，但除了忍耐别无他法。

鲍勃说，在管理中虽然有一些不利因素，但其中大都是由于生产压力造成的。他的想法是以一个友好、粗线条的管理方式对待员工。他承认，尽管他管理的部门在生产效率上不如其他部门，但他相信自己部门的员工拥有高度的忠诚与士气，并坚信他们会因他的开明领导而努力工作。

（3）查里

查里说，他面临的主要问题是与其他部门的职责分工不清。他觉得似乎上级并不清楚哪些工作应该由哪些人来做，因为很多任务不论是否应该由他们去做，都被安排在他的部门了。

对此，查里没有向上级提出异议，他说这样做会使其他部门的经理产生反感。他们把查里看成是朋友，而查里却不这样认为。查里说，过去在不平等的分工会议上，他感到心里很不舒服，但现在习惯了。

查里认为，纪律只是使每个员工不停地工作，这样会导致各种问题的发生。他觉得一个好的管理者没有时间像鲍勃那样握住每一个员工的手，然后告诉员工他们正在从事一项重要的工作。他相信，如果经理宣布将通过指标考核的方式来决定员工将来的加薪晋升，那么员工肯定会更多地只考虑他们自己，由此会产生很多问题。

他主张，一旦给员工分配了工作，就让他用自己的方式去做，取消工作检查。他相信大多数员工都知道自己该怎么样把工作做好。

问题：

1. 你认为这三个部门经理各自采取了什么类型的领导风格？
2. 你觉得是否每一种领导风格在特定的环境下都有效？为什么？

术语解读：

权力： 影响别人行为的能力。权力的来源有五种：强制权力、奖赏权力、法定权力、专家权力、威望权力。

民主型领导： 指领导者与下属共同讨论问题，集思广益，然后再进行决策的领导方式。这种领导风格要求上下融合、合作一致地工作。

放任型领导： 在这种领导风格之下，领导者放手不管，下属愿意怎样做就怎样做，完全自由。

专制型领导： 亦称独裁领导。在这种领导风格之下，领导者更注重工作的目标，只关心工作任务的完成和工作效率的高低，权力多掌握在领导个人手中，一切由领导说了算。下属只是执行领导下达的任务，对团队其他成员则不太关心。

案例 2　保险公司的新主管该怎么办？

苏珊今年 22 岁，即将获得哈佛大学人力资源管理的本科学位。在过去的两年里，她每年暑假都在康涅狄格互助保险公司打工，填补去度假的员工的工作空缺，因此她在这家公司里做过许多不同类型的工作。目前，她已接受该公司的邀请，毕业之后将加入互助保险公司成为保险单更换部的主管。

康涅狄格互助保险公司是一家大型保险公司，仅苏珊所在的总部就有 5000 多名员工。公司奉行充分发挥员工个人能力的理念，这已成为公司的经营哲学，公司自上而下对所有员工十分信任。

苏珊将要承担的工作是直接负责 25 名职员。她们的工作虽然不需要什么培训，但对员工的责任感要求很高，因为工作高度程序化：更换通知要先送到原保险单所在处，列表显示保险费用与标准表格中的任何变化。如果某份保险单因无更换通知的答复而将被取消，就需要通知销售部。

　　苏珊管理的下属全部为女性，年龄跨度从 19 岁到 62 岁，平均年龄为 25 岁，其中大部分人是高中学历，没有相关工作经验。她们的薪金水平从每月 1420 美元到 2070 美元不等。苏珊将要接替梅贝尔的职位。梅贝尔为互助保险公司工作了 37 年，并在保险单更换部做了 17 年的主管工作，现在她即将退休。苏珊去年夏天曾在梅贝尔负责的部门里工作过几周，因此比较熟悉她的工作风格，也认识该部门的大多数成员。她觉得成为这个部门的主管应该不会产生什么麻烦，但是丽莲·兰兹可能会不服气。丽莲今年 50 多岁，在保险单更换部工作了 10 多年，在员工群体中很有影响力。苏珊猜测，如果丽莲·兰兹不支持她的工作，自己上任后将会遇到很多困难。

　　苏珊决心以正确的方式开始她的职业生涯。因此，她一直在认真思考一名优秀的领导者应该具备什么样的素质。

问题：
1. 影响苏珊成为优秀的领导者的关键因素是什么？
2. 你认为苏珊能够选择自己的领导风格吗？如果可以，请为她描述一个你认为有效的风格；如果不可以，请说明原因。

术语解读：

权变领导理论： 亦称领导情境理论，由美国当代著名心理学和管理学专家弗雷德·菲德勒提出。该理论认为，管理中不存在一种"普遍适用"的领导方式，任何形态的领导方式都可能有效，其有效性完全取决于领导方式是否与领导环境相适应。换句话说，领导和领导者是某种既定环境的产物。

授权： 是指组织中的管理者将部门职权授予下属或参谋，由其代为履行职责的一种形式。

案例 3　施科长没有解决的难题

化学制剂厂的施科长心直口快，为人热情，尤其对新主意、新发明、新理论感兴趣，喜欢在工作中搞点新名堂。

前一阶段，施科长对人嚷嚷说："咱厂科室工作人员的那套奖金制度是彻底的'大锅饭'、平均主义，我看是到了非改不可的地步了。奖金总额不跟利润挂钩，每月按工资总额拿出5%当奖金，这5%是固定死了的，一共才那么一点钱。说是具体每人分多少由各单位领导按每人每月工作表现去确定，要体现'多劳多得'原则，可是'巧妇难为无米之炊'呀！总共就那么一点，还玩得出什么花样？理论上是说要奖勤罚懒，干得好的多给，一般的少给，差的不给。可是你真的不给试试看，不给你造反才怪呢！结果实际上是大伙基本上拉平，皆大欢喜。要说有那么一点差距，也就是分成三等，不过这差距也只是象征性的。照理说，这奖金也不多，有啥好计较的？可要是一分钱不给，他就认为这简直是侮辱，存心丢他的脸。唉，难办！一个是咱厂穷，奖金拨得少；二是咱中国人平均惯了，爱犯红眼病。"

最近，施科长却跟人们谈起了他一段有趣的经历。

他说："改革科室奖金制度，我琢磨好久了，可就是想不出啥好点子来。直到上个月，厂里派我去市管理干部学院参加一期中层管理干部短训班。有一天，他们不知打哪儿请来一位美国教授，听说还挺有名气，来给咱们作一次讲座。那教授说，美国有位学者，叫什么来着？……对，叫什么伯格，他提出一个新见解，说是企业对职工的管理不能太依靠高工资和奖金，因为钱并不能真正调动人的积极性。你说怪不？随时都讲金钱万能的美国佬，这回倒说起钱不那么灵光了。这倒是有点意思。"

"那教授继续说，能影响人积极性的因素很多，按其重要性他列出了一长串单子。我记不太准了，最要紧的好像是'工作的挑战性'。这是个洋名词，照他解释，就是指工作不能太简单，得要艰巨点，让人得动点脑筋、花点力气，那活儿才有干头。再就是工作要有趣，要有些变化，多点花样，别老一套，太单调。他说，还要给自主权，给责任；要让人家感到自己有所成就、有所提高。还有什么表扬啦，跟同事们关系友好融洽啦，劳动条件要舒服安全啦什么的，我也记不准、记不全了。

可有一条我是记住了：工资和奖金是摆在最后一位的，也就是说最无关紧要。闻所未闻，乍一听都不敢相信。可是我仔细想想，觉得这话是有道理的，那些其他因素对人说来，可不都还是蛮重要的吗？！于是我对奖金制度不那么担心了，还有别的更有效的法宝呢。"

"那教授还说，这理论也有人批评，说那位学者的研究对象全是工程师、会计师、大夫这类高级知识分子，换成其他人未见得合适。他还讲了一大堆新鲜事。总之，这次讲座让我可是大开眼界啦。"

"短训班办完回到科里，正赶上年末工作总结讲评，要发年终奖金了。这回我有了新主意。在我那科里，论工作就数小李子最突出——大学生，大小也算个知识分子，聪明能干，工作积极，又能吃苦，还能动脑筋。于是我把他找来谈话。"

"别忘了我如今学过点现代管理理论了。于是我先强调他这一年的贡献，特别表扬了他的成就，还细致讨论了明年怎么能使他的工作更有趣，责任更重，也更有挑战性……瞧，学来的新词儿马上就用上啦。我们甚至还确定了考核他明年成绩的具体指标。最后才谈到这最不要紧的事——奖金。我说，这回年终奖你跟大伙儿一样，都是那么些。我当时心里挺得意的，学到的新理论马上就用到实际里来了。"

"可是，你猜怎的？小李子竟发起火来了，真的火了。他蹦起来说：'什么？就给我那一点，说了那一大堆好话，到头来我就值那么一点？得啦，您那套好听的请收回去送给别人吧，我不稀罕。表扬又不能当饭吃！'"

"这是怎么一回事？把我搞糊涂了。我不是在按照现代管理理论做事么？"

问题：

1. 案例体现了什么激励理论？施科长失败的原因是什么？
2. 如何解决化学制剂厂的问题？

术语解读：

马斯洛的需求层次理论： 亦被称之为基本需求层次理论，是行为科学的理论之一，由美国心理学家亚伯拉罕·马斯洛于 1943 年在论文《人类激励理论》中提出。该理论把需求分成生理需求（Physiological Needs）、安全需求（Safety Needs）、爱与归属的需求（Love and Belonging Needs）、尊重需求（Esteem Needs）和自我实现需求（Self-actualization Needs）五类，依次由较低层次到较高层次排列。需求层次理论有两个基本出发点，一是人人都有需求，某层需求获得满足后，另一层需求才出现；二是在多种需求均未获满足时，首先满足迫切需求，在该需求获得满足后，后面的需求才显示出其激励作用。五种需求像阶梯一样从低到高，按层次逐级递升，但这个次序不是完全固定的，是可以变化的，也有种种例外的情况。同一时期，一个人可能有多种需求，但每一时期总有一种需求占支配地位，对行为起决定作用。

赫茨伯格的双因素理论： 又被称为激励—保健理论，由美国心理学家弗雷德里·赫茨伯格提出。该理论认为引起人们工作动机的因素主要有两个：激励因素和保健因素。只有激励因素才能够使人满意，而保健因素只能消除人们的不满，但不会让人感到满意。其中，激励因素是指能够使人们感到满意的因素，包括成就感、得到认可、工作本身的挑战性和趣味性、责任感、个人的成长与发展，而保健因素是指那些会使人们产生不满情绪的因素，包括公司的政策、监督、人事关系、工作条件、薪金等工作本身之外的因素。

案例 4　聪明的人力资源总监

在得到公司老板的认可之后，人力资源管理部门对薪酬设计开始准备"官宣"了。就在这个时候，公司开始出现了不同的声音：你看某某某，不过就是个焊工，工资怎么一下子比我们涨了那么多？不公平！我要向老板投诉。听到这些话，薪酬专员感到头疼，马上向人力资源总监反映情况。经验丰富的人力资源总监张某对这个薪酬专员白眼一翻，说："以后设计薪酬要做到内外公平、内部公平、岗位之间公平，明白吗？"然后，张总监出了一个主意。

在得到老板的又一次认可后，人力资源管理部门向公司全体员工宣布：如果大家感到哪个岗位薪酬高了，欢迎大家来应聘。只要你通过了集团技能评估中心的评估，保证你的工资达到你应聘岗位的工资水平。听到这个消息，有几个以前做了两年技术工的操作工心中窃喜，于是报名进行了评估，果然换了工种。一下子，整个公司掀起了技能学习大热潮。

这个新主意取得了一举三得的效果：既弥补了因薪酬变革带来的缺点，又提高了士气，还解决了公司技工短缺的现象。人力资源总监果然经验老到。

问题：

人力资源总监的主意为什么会获得成功？

术语解读：

亚当斯的公平理论：又称社会比较理论，提出这一理论的代表人物是美国心理学家亚当斯。该理论的主要观点是：一个人对其所得的报酬是否满意，不是只看绝对值，也要看社会比较或历史比较之后的相对值。这个相对量将直接影响今后工作的积极性，即每个人都把自己报酬和贡献的比率与他人的比率作比较，如果比率相当，则认为公平、合理，从而心情舒畅地工作，否则就会感到不公平、不合理而影响工作情绪。

思考与练习：

1. 领导者和管理者是指同一个概念吗？
2. 某大学管理学院院长带领其他五位老师为某企业做项目，赚了 3000 元，就按每人 500 元分了下去。结果分发报酬的当天晚上，有一位老师跑到院长家，说自己工作做得比较少，不能拿那么多钱，自己拿 200 元就够了，要退回 300 元。如果你是院长，你会怎么办？

3. 案例分析：

根据瑞典沃尔沃汽车公司凯尔玛工厂报道，该厂因为采用高度自动化流水作业线生产，工人对工作产生了厌倦，导致缺勤率和流动率升高。为解决这一问题，该厂把传统的汽车装配组改为15—27人的装配小组，分工负责一种零配件或一道工序，所有物资供应、产量、质量均由小组负责。结果该厂工人流动率降低，质量提高，不合格零配件减少。

问题：

请用本章所学知识解释案例中工人为什么会出现如此变化。

4. 案例分析：

某国的钢铁联合公司由于近年来管理效率低下，生产效益日益下降，经营亏损额巨大，形势十分严峻。

面对此种情况，经验丰富的企业管理家麦克临危受命，出任了该公司的董事长。原来的董事长兼首席执行官乔丹出于"民主"的理念，给予下属很大的权力，也很少过问下属的情况，甚至高层会议都几乎不召开。公司一切就像闹着玩，高层管理人员穿着T恤衫和牛仔裤来上班，谁也分不清他们与普通员工有什么区别。麦克曾是一家大型煤矿企业的董事长，在他工作的10年里，该煤矿企业获得了迅速发展。而后，他又担任了一家投资公司的领导，成功地通过投资挽救了一家濒临破产的大型钢铁公司。

麦克到该钢铁联合公司上任后不久即采取了一系列措施：（1）提高中层管理人员的权力和责任心。他赋予下属更大的自主权，如有权自行选购原材料和雇佣职工。（2）采用分权式的领导体系。他把对职工的工作分配、招聘或解雇都授权给各分公司。但作为高层领导，他对有些问题也要亲自决定，例如：他亲自调整了7000名职工的超额花费标准。（3）设法提高公司的工作效率和生产率。他说服各级领导一定要消灭怠工现象，不但要求下属认真制定有关提高工作效率和生产率的计划，自己也带头执行这些计划。同时，他还经常召集工会领导人一起商量工作，使职工认识到公司的经营亏损对职工没有任何好处。（4）向全公司职工征集治厂建议。

为扩大公司产品的销量，麦克自己日以继夜地工作。他成功地谈成了生产创造海底石油管道的业务，还成功地从日本人手中争取到了许多新客户。他还成功地游说了政府在两座大城市之间建造准高速铁路，而该公司就是主要的铁路建设钢铁供应商。这些努力成功地为公司的钢铁产品开辟了广阔的市场。

当然，麦克还面临着其他方面的挑战，路还得走下去。

问题：

1. 请对乔丹的领导方式进行具体分析。
2. 请对麦克的领导方式进行具体分析。
3. 你认为麦克所采用的措施能挽救该公司吗？假若你面临同样情况，你会采取何种措施？
4. 麦克之所以能出任钢铁联合公司的董事长，靠的是什么权力？为什么？

扩展阅读：

霍桑效应

霍桑实验是心理学史上最出名的事件之一，由哈佛大学的心理学教授梅奥主持。

美国芝加哥市郊外的霍桑工厂是一个制造电话交换机的工厂。这个工厂具有较完善的娱乐设施、医疗制度和养老金制度等，但工人们仍愤愤不平，生产状况也很不理想。为了解决这一问题，工厂一直在竭力探求原因。1924年11月，美国国家研究委员会组织了一个由心理学家等多方专家参加的研究小组，在该工厂开展一系列研究试验。

霍桑实验的初衷是试图通过改善工作条件与环境等外在因素，找到提高劳动生产率的途径。从1924年到1932年，研究小组先后进行了四个阶段的实验：照明实验、继电器装配工人小组实验、大规模访谈和对接线板接线工作室的研究。但实验结果却出乎意料：无论工作条件（照明度强弱、休息时间长短、工厂温度等）是改善还是取消改善，实验组和非实验组的产量都在不断上升；在实验计件工资对生产效率的影响时，研究者发现生产小组内有一种默契，大部分工人有意限制自己的产量，否则就会受到小组的冷遇和排斥，奖励性工资并未像传统的管理理论认为的那样使工人最大限度地提高生产效率；而在历时两年的大规模访谈实验中，职工由于可以不受拘束地谈自己的想法，发泄心中的闷气，从而态度有所改变，生产率相应地得到了提高。

特别值得一提的是那个访谈实验。在两年多的时间里，专家们找工人个别谈话达两万余次。专家们规定在谈话过程中，要耐心倾听工人对厂方的各种意见，并做详细记录；对工人的不满意见一律不准反驳和训斥。访谈实验收到了意想不到的效果——霍桑工厂的产量大幅度提高。这是为什么呢？原来由于工人长期以来对工厂的各种管理制度和方法有诸多不满，一向无处发泄。访谈实验使他们这些不满的情绪得到了充分地发泄，从而感到心情舒畅，干劲倍增。社会心理学家将这种人们因意识到自己正在被关注或被观察而刻意去改变一些行为或者言语表达的奇妙现象称为"霍桑效应"。

第八章
沟通防冲突，控制促绩效

▼

案例 1　员工为什么辞职？

美国老板：完成这份报告要花费多少时间？

希腊员工：我不知道完成这份报告需要多少时间。

美国老板：你是最有资格提出时间期限的人。

希腊员工：10 天吧。

美国老板：你同意在 15 天内完成这份报告吗？

希腊员工：（没有做声。认为是命令）

15 天过后。

美国老板：你的报告呢？

希腊员工：明天完成。（实际上需要 30 天才能完成）

美国老板：你可是同意今天完成报告的。

第二天，希腊员工递交了辞职书。

问题：

请从沟通的角度分析一下美国老板和希腊员工的对话，指出希腊员工辞职的原因并对如何改善沟通提出建议。

术语解读：

沟通的过程与要素： 一般而言，沟通的过程包括一系列环节，即由信息发送者发出信息，经过一定的沟通渠道传达给信息接收者，信息接收者在对接收的信息做出理解后再把接收的信息反馈给发送者。其中涉及如下九种要素，即发送者、信息、编码、渠道、译码、接收者、背景、噪音和反馈。

编码： 是发送者将思想、观念、想法、情感等信息内容符号化，编成一定的语言或非语言符号的过程。当沟通者在清楚地知道自己要传递的信息后，首先需要把这些概念转变成适当的传递符号（言语、文字、图片、模型、身体姿势、表情动作等）。信息发送者的编码水平受到其沟通技巧、态度、知识、信念、价值观与文化背景等因素的影响。

解码： 与编码恰恰相反，是接收者在接收到信息后将符号化的信息还原为思想并理解其意义的过程。信息接收者在接收信息前，必须将编码的信息解译到能够了解的程度。如同信息发送者在编码时受到其沟通技巧、态度、知识、信念、价值观与文化背景等因素的影响一样，信息接收者在解码时也会受到这些因素的影响。

案例 2　小刘的不满

小刘刚办完一个业务回到公司，就被主管马林叫到了他的办公室。

"小刘，今天业务办得顺利吗？"

"非常顺利，马主管，"小刘兴奋地说，"我花了很多时间向客户解释我们公司产品的性能，让他们了解到我们的产品是最合适他们使用的，并且在别家再也拿不到这么合理的价钱了，因此很顺利地把公司的机器推销出去一百台。"

"不错，"马林赞许道，"但是，你完全了解了客户的情况吗？会不会出现反复的情况呢？你知道我们部门的业绩和推销出的产品数量密切相关，如果他们再把货退回来，对于我们的士气打击会很大，你对于那家公司的情况真的完全调查清楚了吗？"

"调查清楚了呀，"小刘兴奋的表情消失了，取而代之的是失望的表情，"我是先在网上了解到他们需要供货的消息，又向朋友了解了他们公司的情况，然后才打电话到他们公司去联系的，而且我是通过你批准才出去的呀！"

"别激动嘛，小刘，"马林讪讪地说，"我只是出于对你的关心才多问几句。"

"关心？"小刘不满道，"你是对我不放心才对吧！"

问题：

1. 本次沟通出现问题是谁的错？
2. 如果你是主管马林，下一步会怎么做？如果你是小刘，下一步会怎么做？

术语解读：

噪声：指的是信息传递过程中的干扰因素。在沟通过程中，沟通的每一环节出现的"噪声"干扰现象都会影响信息的传送。发送者和接收者由于情绪好坏、理解差异、价值观、认知水平、地位不同等形成的沟通距离，以及编码和译码时采用的信息符号差异等都会影响沟通过程。

非言语沟通：是相对于语言沟通而言的，指通过肢体动作、面部表情、语气语调、仪表服饰等方式进行信息交流和沟通的过程。

案例 3　决堤了该怎么办？

春秋时期，楚国令尹孙叔敖在苟陂县一带修建了一条南北水渠。这条水渠又宽又长，足以灌溉附近的万顷农田。可是一到天旱的时候，沿堤的农民就在渠水退去的堤岸边种植庄稼，有的甚至还把农作物种到了堤中央。等到雨水一多，渠水上涨，这些农民为了保住庄稼和渠田，便偷偷地在堤坝上挖开口子放水。这样的情况越来越严重，一条辛苦挖成的水渠被弄得遍体鳞伤，面目全非，因决口而经常发生水灾，变水利为水害了。

面对这种情形，历代苟陂县的行政官员都无可奈何。每当渠水暴涨成灾时，便调动军队去修筑堤坝，堵塞暗洞。后来宋代李若谷出任知县时，也碰到了决堤修堤这个棘手的问题。他认真思考了之后想了一个对策，很好地解决了这个难题，此后再也没有人偷偷地去决堤放水了。

问题：
你觉得李若谷的对策是什么呢？

术语解读：
事前控制： 又称前馈控制或者预先控制，是指组织在工作活动正式开始前对工作中可能产生的偏差进行预测和估计并采取防范措施，将可能的偏差消除于产生之前。事前控制强调防患于未然。对产品的原材料进行检验、对员工进行岗前培训等，都属于事前控制。

事后控制： 亦称反馈控制，是指在工作结束或行为发生后进行的控制。对即将出厂的成品进行质量抽检、学校对违纪学生进行处罚等，都属于事后控制。

案例 4　你会煮鸡蛋吗？

某个杂志上曾登载过一则关于中国人和德国人煮鸡蛋的小故事：一个中国人和一个德国人每天的早餐都是一杯牛奶、一个鸡蛋。中国人把鸡蛋往锅里一放，然后出去洗漱或干点别的，等再回来鸡蛋就煮好了。但德国人煮鸡蛋的方法有自己的特点。

问题：

你觉得德国人会怎么样煮鸡蛋？

术语解读：

同步控制：亦称同期控制或者现场控制，是指在某项工作或活动正在进行的过程中所实施的控制。工头在施工现场监督、艺术老师指导小朋友跳舞等，都属于同步控制。

思考与练习：

1. 有效沟通的技术和方法有哪些？

2. 学校为了衡量学生在校期间的综合表现，提高学生管理工作的效率，将各班级每月的操行情况予以量化计算后公布，并按照一定的比例进行奖惩。在该办法实行了一段时间后，学校发现了许多问题，比如一些班级因表现突出而连连获得奖励，但另一些班级因为经常受到批评和扣分，风气越来越差，整体呈现两极分化的特征，这样的局面令班主任、辅导员和各年级管理组织者很是头疼。面对这样的情况，请你和同学一起运用管理控制的相关知识提出相应的解决方案。

3. 案例分析：

小王是新上任的经理助理，平时工作主动积极，且效率高，很受上司的器重。那天早晨小王刚上班，电话铃就响了。为了抓紧时间，她一边接电话一边整理有关文件。这时，老李来找小王。他看见小王正忙着，就站在桌前等着。只见小王一个电话接着一个电话，最后，老李终于等到可以与小王说话了。小王头也不抬地问老李有什么事，并且一脸的严肃。然而，当他正要开口说话时，小王又突然想到了什么事情，与办公室里的小张交代了几句。这时的老李已是忍无可忍了，他发怒道："难道你们这些领导就是这样对待下属的吗？"说完，他愤然离去……

问题：

1. 这一案例的问题主要出在谁的身上？为什么？
2. 如何改进其非语言沟通技巧？
3. 假如你是小王，你会怎样做？

4. 案例分析：

戴尔公司创建于 1984 年，是美国一家以直销方式经销个人电脑的电子计算机制造商，以网络型组织形式来运作，它与许多为其供应计算机硬件和软件的厂商都有业务往来。其中有一家供应厂商的电脑显示器做得非常好。戴尔公司先是花很大的力气和投资使这家供应商做到了每百万件产品中只有 1000 件瑕疵品，并通过评估确认这家供应商达到要求的水准后，戴尔公司就完全放心地让他们的产品直接打上 Dell 商标，不再对这家供应商的电脑显示器进行质检与库存。类似的做法也发生在戴尔其他外购零部件的供应中。

通常情况下，供应商将供应的零部件运送到产品组装商那里，经过开箱质检合格后，产品组装商便将其存放在仓库中备用。为确保供货不出现脱节，公司往往要贮备未来一段时间内可能需要的各种零部件。这是一般的商业惯例。因此，当戴尔公司对这家电脑显示器供应商说"这种显示器我们今后会购买 400—500 万台左右，贵公司为什么不干脆让我们的人随时需要随时提货"的时候，商界人士无不感到惊讶，甚至以为戴尔公司疯了。戴尔公司的经理们则这样认为，开箱验货和库存零部件只是传统的做法，并不是现代企业运营所必要的步骤，遂将这些"多余的"环节给取消了。

戴尔公司的做法就是，当物流部门从电子数据库得知戴尔准备从组装厂发货给某个买家某型号的戴尔台式电脑的数量时，便在早上向这家显示器供应商发出应该配额多少数量显示器的指令信息，这样等到当天傍晚时分，一组组电脑便可打包完毕准备分送到顾客手中。这样不但节约了质检和库存成本，也加快了发货速度，提高了服务质量。

问题：

1. 你认为戴尔公司对电脑显示屏供应厂商是否完全放弃和取消了控制？如果是，戴尔公司的经营业绩来源于哪里？如果不是，那它所采取的控制方式与传统的方式有何不同？

2. 戴尔公司的做法对于中国的企业有适用性吗？为什么？

（资料来源：张亚《管理学——原理与实务》）

扩展阅读：

领导生命周期理论

领导生命周期理论（也称情景领导理论）是一个重视下属的权变理论。该理论认为，依据下属的成熟度来选择正确的领导方式，就会取得领导的成功。

其中，下属的成熟度包括工作成熟度和心理成熟度两个维度。工作成熟度是指下属完成任务时具有的相关技能和技术知识水平，心理成熟度是指下属的自信心和自尊心。高低程度不同的工作成熟度和心理成熟度组合起来就构成了四种不同的下属成熟度。

而领导风格由任务行为和关系行为这两个领导维度决定。并且，将每种维度细化，可以组合成四种具体的领导方式：

1. 指导型领导：领导者定义角色，告诉下属该做什么、怎样做以及在何时何地做。

2. 推销型领导：领导者同时提供指导行为与支持行为。

3. 参与型领导：领导者与下属共同决策，领导者的主要角色是提供便利条件和沟通。

4.授权型领导：领导者提供不多的指导或支持。

这样一来，领导生命周期理论就把领导行为方式和员工行为关系通过成熟度关联起来，形成了一种周期性的领导方式，即按照员工从不成熟、初步成熟、比较成熟到成熟的不同阶段与四种领导方式相对应。

当下属既无能力也不情愿完成工作时，采取指导型领导（高任务一低关系）；当下属缺乏能力但愿意从事必要的工作，采取推销型领导（高任务一高关系）；当下属有能力却不愿意干时，采取参与型领导（低任务一高关系）；当下属既有能力也愿意干时，采取授权型领导（低任务一低关系）。

西方不少企业在培训其管理者的领导艺术时常使用这一理论，例如：《财富》杂志 500 家企业中的美国银行、IBM 公司、美孚石油公司、施乐公司等都采用此理论模型，甚至美国军队中的一些部门也采用这一模型培训其军官。

第三单元

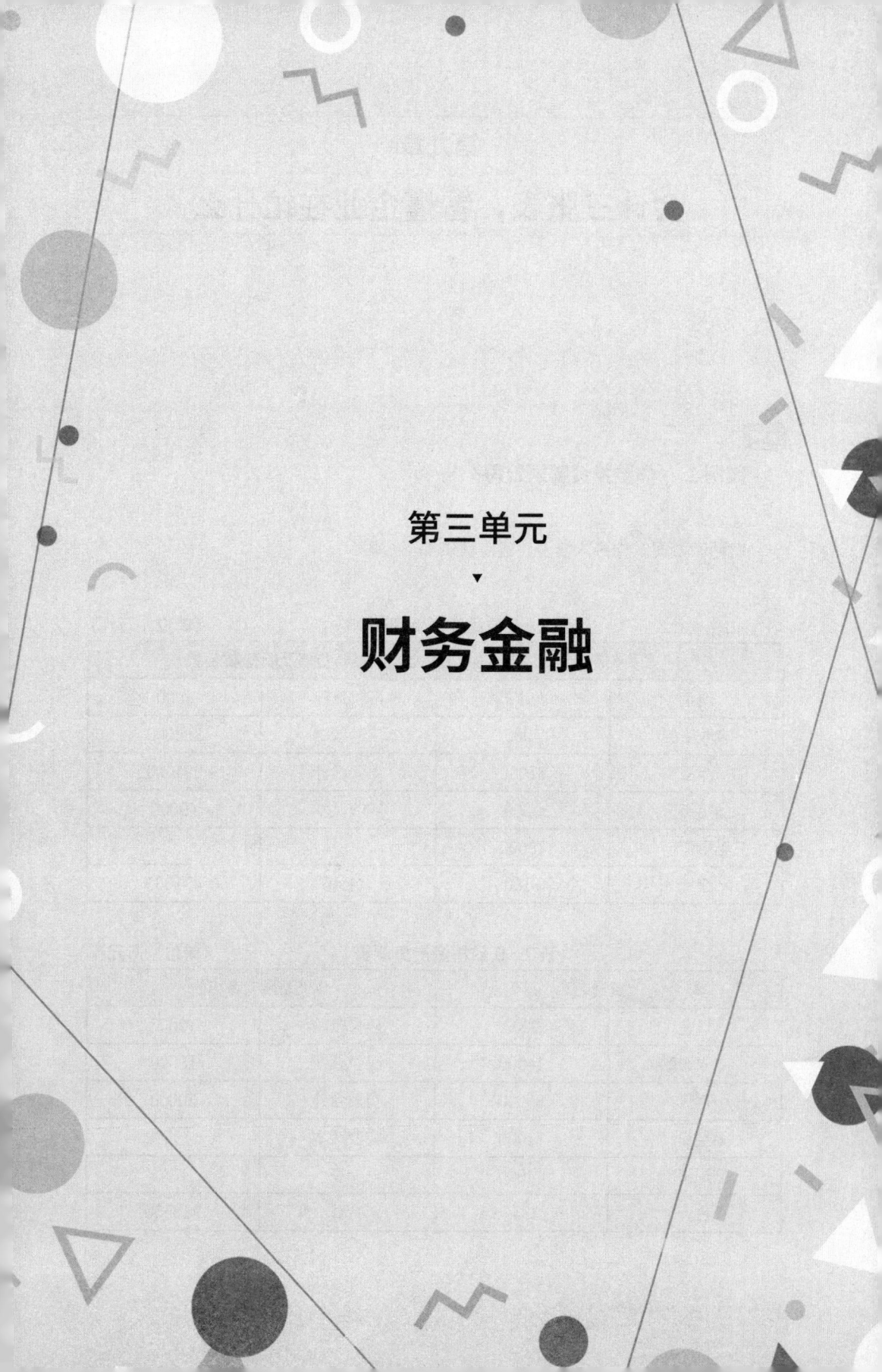

▼

财务金融

第九章

会计三张表，看懂企业在忙什么

▼

案例 1　你要投资哪家公司？

有两家公司向你寻求投资，各自提供如下报表：

表 1　A 公司资产负债表　　　　　　　　（单位：万元）

资产		负债及所有者权益	
现金	11000	应付账款	3000
应收账款	4000	应付票据	388000
存货	37000	负债合计	391000
固定资产	300000	实收资本	40000
无形资产	79000		
合计	431000	合计	431000

表 2　B 公司资产负债表　　　　　　　　（单位：万元）

资产		负债及所有者权益	
现金	9000	应付账款	12000
应收账款	14000	应付票据	18000
存货	85500	负债合计	30000
固定资产	82000	实收资本	183500
无形资产	14000		
合计	213500	合计	213500

问题：

1. 仅从这两张表来看，你会投资给谁，为什么？

2. 如果作为一项实际决策，还需要什么信息？

3. A、B 两家公司的资产负债表体现的是企业的资金流向，请问在 A、B 两家企业中，他们的企业资产主要形式是什么？他们各自的资产负债率是多少？

术语解读：

会计恒等式：资产 = 负债 + 所有者权益，这是会计学中最基础的逻辑关系，即等式的左右两边始终要保持成立。

资产（Assets）：指由企业过去的交易或事项形成的、由企业拥有或者控制的、预期会给企业带来经济利益的资源。通俗说就是从企业角度看拥有或控制的财产。

负债（Liability）：指企业过去的交易或者事项形成的、预期会导致经济利益流出企业的现时义务。

所有者权益（Owner's Equity）：指的是企业资产扣除负债之后由所有者享有的剩余权益。公司的所有者权益又叫做股东权益。

资产负债表（Balance Sheet）：资产负债表主要由三部分组成，分别是资产、负债、所有者权益，反映企业的家底是否厚实，总的债务水平有多高。

【资产负债表怎么看？】 企业要运作起来，核心就是让钱流动。钱从银行的金库里流到企业的账目上，从企业的货币资金流到原材料、固定资产、无形资产这些生产要素里变成产品，产品流动到客户仓库，客户拿到货后将更多钱支付给企业，企业扣除成本，钱又流动到所有者权益，要么当做股利分配给股东，要么沉淀在资产负债表上。所以在财务上，企业经营的本质是周而复始地重复着"现金—投入生产—卖出产品—获得收入—流入现金"这样一个循环。天下武功，唯快不破，当企业的钱越活泼，流动性越强，企业的生命力就越旺盛；而企业的负债越高，企业的风险也就越大。

（资料来源：肖星《一本书读懂财报》；吴小生《吴小生读财报》）

案例 2　奇怪的数学题

有 3 个人一起去一家旅馆投宿，一间房一晚上 300 元。第二天结帐的时候，每人拿出 100 元，凑了 300 元给老板，老板收了钱后对服务生说：今天优惠，只收 250 元。于是老板拿了 50 元给服务生，叫他退还给客人。可是服务生贪小便宜，私自扣下了 20 元，然后退给客人每人 10 元。请问：3 个人每人拿出了 100 元，又拿回了 10 元，就是每人拿出了 90 元，加上服务生扣下的 20 元，所以就是 3×90+20=290 元，那还有 10 元哪去了？

问题：

1. 请问还有 10 元去哪里了？
2. 请问该如何记账？

术语解读：

利润表（Income Statement）：利润表是反映企业在一定会计期间（如月度、季度、半年度或年度）内在生产经营成果的会计报表。企业一定会计期间的经营成果既可能表现为盈利，也可能表现为亏损，因此，利润表也被称为损益表。它全面揭示了企业在某一特定时期内实现的各种收入、发生的各种费用、成本或支出，以及企业实现的利润或发生的亏损情况。它反映企业的盈利能力，告诉我们企业从收入到利润是如何一步步得到的，此外净利润是股票定价的核心变量。

现金流量表（Cash Flow Statement）：现金流量表是财务报表的三个基本报告之一，所表达的是在一固定期间（通常是每月或每季）内一家企业的现金（包含银行存款）增减变动情形。现金流量表可用于分析一家企业在短期内有没有足够现金去应付开销。反映企业持续经营能力，将现金流量表中的相关明细与营业收入和净利润比较，可以评估企业盈利质量高不高。

收入（Income）：指企业在日常活动中形成的、会导致所有者权益增加的、与所有者投入资本无关的经济利益的总流入。

费用（Expense）：一般用于描述公司为销售而发生的各种成本支出、杂项管理、利息、税金以及影响其他利润表的项目。

利润（Profit）：企业在一定时期内生产经营的财务成果，等于销售产品的总收益与生产商品的总成本两者之间的差额。

案例 3　财务造假风云：安然与瑞幸咖啡

安然公司曾经是世界上最大的能源、商品和服务公司之一，名列《财富》杂志"美国 500 强"的第七名。然而，2001 年 12 月 2 日，安然公司突然向纽约破产法院申请破产保护，该案成为美国历史上第二大企业破产案。2001 年初，一家有着良好声誉的投资机构老板吉姆·切欧斯公开对安然的盈利模式表示了怀疑。他指出，虽然安然的业务看起来很辉煌，但实际上赚不到什么钱，也没有人能够说清安然是怎么赚钱的。据他分析，安然的盈利率在2000年为5%，到了2001年初就降到了2%以下，对于投资者来说，投资回报率仅有7%左右。2001年8月9日，安然股价已经从年初的80美元左右跌到了42美元。看看安然过去的财务报告：2000年第四季度"公司天然气业务成长翻升3倍，公司能源服务公司零售业务翻升5倍"；2001年第一季度"季营收成长4倍，是连续第21个盈余成长的财季"……在安然，衡量业务成长的单位不是百分比，而是倍数，这让所有投资者都笑逐颜开。到了2001年第二季度，公司突然亏损了，而且亏损额还高达6.18亿美元。

经过调查，安然背后有大量的合伙公司，且大多被安然高层官员所控制，安然对外的巨额贷款经常被列入这些公司，而不出现在安然的资产负债表上。这样，安然高达130亿美元的巨额债务就不会为投资人所知。而公司的14名监事会成员有7名与安然关系特殊，要么正在与安然进行交易，要么供职于安然支持的非盈利机构，对安然的种种劣迹睁一只眼闭一只眼。此外，这种业务模式对于安然的现金流向也有着重大影响。大多数安然的业务是基于"未来市场"的合同，虽然签订的合同收入将计入公司财务报表，但在合同履行之前并不能给安然带来任何现金。合同签订得越多，账面数字和实际现金收入之间的差距就越大。

而在2020年4月2日，在美股上市的瑞幸咖啡（LK.US）发布公告，承认虚假交易22亿人民币，股价暴跌80%，市值蒸发近50亿美元，盘中数次暂停交易。5月19日晚间，瑞幸咖啡发布公告称，收到纳斯达克交易所通知，要求从纳斯达克退市；6月底，瑞幸股票转到粉单市场（OTC市场）交易。

9月22日消息，国家市场监管总局对瑞幸咖啡（中国）有限公司等公司不正当竞争行为作出行政处罚。经查，2019年4—12月期间，瑞幸公司为获取竞争优势及交易机会，在多家第三方公司帮助下虚假提升瑞幸咖啡2019年度相关商品销售收入、成本、利润率等关键营销指标，并于2019年8月至2020年4月通过多种渠道对外广泛宣传使用虚假营销数据，欺骗、误导相关公众。

问题：
1. 安然的财务造假在资产负债表和利润表中如何体现？
2. 如何判断企业财务报表是否作假？

术语解读：

财务造假（Financial Fraud）： 造假就是做假证、假账、假表等。

财务造假的套路： 可以结合货币资金的指标和非财务信息分析财务信息的合理性。如某公司的财报里有几十亿的货币资金，但实际上没有。那要如何识别呢？有一个很简单的方法，公司的钱要存银行，钱存到银行是有利息的，如果是个人的钱，会去银行买理财产品。按照这个思路，最简单的就是看他的利息收入，比方说他账上有 100 亿元存款，他的利息收入只有 500 万元，只能解释为这个钱是假的，他平常的收入、利润是假的，但公司可能和自己的马甲做交易，签一个 100 亿元的单，年底就形成 100 亿元的收入，12 月 31 日，钱回到公司的账上。那没有钱怎么办？他去找地方拆借，从别的地方拆借形成 100 亿元的货币资金，到 1 月初又把钱转出去。所以说如果账面上有很多钱，又没有利息收益，又不做理财，就很有可能是做假账。

投资回报率（Return on Investment）： 通过投资而返回的价值，企业从一项投资性商业活动的投资中得到的经济回报。

资产回报率（Return on Assets）： 是用来衡量每单位资产创造多少净利润的指标。

净资产收益率（Return on Equity）： 是净利润与平均股东权益的百分比，是公司税后利润除以净资产得到的百分比率，该指标反映股东权益的收益水平，用以衡量公司运用自有资本的效率。指标值越高，说明投资带来的收益越高。

思考与练习：

1. 如何使用会计的三张表？这三张表分别代表了企业的什么信息？
2. 如果你是银行，在决定要不要贷款给某个企业的时候，你最看中哪张财务报表？

扩展阅读：

现金流比利润更重要

现金流为正，利润为正，资产增值。

现金流是企业的命，公司收到的合同款是现金流，尾款是现金流，向银行借款是现金流，股权融资是现金流，自己卖房子从家里拿钱是现金流，客户抵押、储值是现金流。这些钱属于你，有些钱只是暂时放在你的账上，但是只要你账上有这些钱，有正向的现金流，你就能活下去。

那什么是负的现金流呢？购买原材料是负向现金流，房租、水电、上网费用是负向现金流，工资、奖金、福利、津贴是负向现金流，银行利息是负向现金流，帮客户垫付是负向现金流。如果一个企业没有现金，会垮吗？会的，如果没有现金，就算你接到500万元的进货单，销售1000万元的高利润项目，也会因为没有进货款而暴毙在大餐前。如果企业现金流告急，怎么办？卖资产是获得正向现金流，裁员是截断负向现金流。苹果乔布斯在转型的时候，用放弃专利诉讼的代价向比尔·盖茨融资1.5亿美元，就是获得正向现金流；IBM郭士纳在转型的时候，用裁员3万多人的方法止血，就是截断负向现金流。

什么叫利润？某公司卖年度会员卡，收入1200万元，当月支出200万元，那么公司有1000万元的利润吗？并没有。年度会员卡必须用12个月交付。所以，虽然这个月你收到了1200万元的现金，但是收入只有1200/12=100万元，另外的1100万元虽然到了账上，但是他们是"债务"，因为万一有什么原因导致后面11个月你不能提供服务，这些钱是要还的，一年后1200万元才是全部收入。本月收入是100万元，本月支出是200万元，所以本月的利润为负。

什么是资产？强大的心肺功能，结实的肌肉，抗饿的脂肪，你的身体就是你的资产。对企业来说呢？比如技术、专利、保密配方以及背后巨大的研发投入。2009年，整个互联网还在讨论3G什么时候普及时，华为就开始研究5G了，现在我们为5G鼓掌时，他们已经开始研究6G了。华为每年投入收入的10%做研发，就是在增强自身的竞争力。在技术、团队、品牌上的不断滋养和训练，最终会让你成为一个健康的巨人。巨人过河是不需要策略的，踏水而过；巨人打架是不需要策略的，直接碾压。

第十章
有效投资，助力完成小目标

案例 1　盲盒龙头——泡泡玛特的故事

POP MART 泡泡玛特成立于 2010 年，主要业务是售卖包含自主开发商品与国内外知名潮流品牌的盲盒、二次元周边、BJD 娃娃、IP 衍生品等多品类商品。

2020 年 12 月 11 日，泡泡玛特赴港上市，上市首日开盘涨 100% 报 77.1 港元，市值直接突破千亿港元，成为当前中国最大且增长最快的潮流玩具公司之一。

2010 年，一家潮流用品杂货铺在北京欧美汇购物中心诞生了，它卖服装、化妆品、生活百货类用品等各种潮流界新品。它就是泡泡玛特。没想到的是，这一类玩具集合类型的门店彼时并没有掀起多大水花，反而出现连连亏损的迹象。后来泡泡玛特创始人王宁远赴香港去见了设计师王信明，经过多次谈判后将他手中 MOLLY 的独家 IP 版权给拿了下来。伴随着 MOLLY 的进驻和其系列商品的陆续研发，泡泡玛特开始转型，成为了一家自主开发 IP 的潮流玩具品牌。为了将 IP 效能最大化，泡泡玛特将盲盒玩法引入其中，形成了以盲盒为主，手办、BJD 及衍生品为辅的产品线，这一套打法获得了中国年轻群体近乎疯狂的喜爱。

惊喜总在下一个盲盒里，这是所有盲盒爱好者彼此心照不宣的共识。而基于这一共识，盲盒爱好者们乐此不疲地炒盲盒，带火了一股名为"盲盒经济"的潮玩之风。所谓的盲盒，指在一个非透明的盒子中装着不同样式的玩偶手办，但是玩偶的款式无法从盒子的外观判断，只有买完后拆开包装，才知道自己买到的是哪一款。有些痴迷玩家为了收集到自己想要的娃娃，不惜卖房盲抽，欲罢不能，而一些稀缺娃娃在二手交易平台闲鱼甚至被转炒至天价。火爆的盲盒经济背后，则是泡泡玛特营收的逆天增长。2017—2019 年，其营收分别为 1.58 亿元、5.14 亿元、16.83 亿元，后两年增幅分别达 225.4% 及 227.2%；净利润分别为 156 万元、9952 万元、4.51 亿元，后两年增幅分别为 98.4% 和 78.6%。截至 2020 年 6 月 30 日，该公司共运营 93 个 IP，包括 12 个自有 IP、25 个独家 IP 及 56 个非独家 IP。就拿泡泡玛特最具代表性的自有 IP"MOLLY"来看，同期平均售价为 51 元，也就是说，每卖出一个 MOLLY 系列产品就能净赚 37 元。业绩快速增长的同时，泡泡玛特的线下门店也"遍地开花"。至 2020 年上半年，泡泡玛特在 33 个一二线城市的主流商圈有 136 家零售店，在全国 62 个城市有 1001 家机器人商店；批发渠道则包括 25 家国内经销商及日本、韩国、新加坡和美国等 21 个国家及地区的 22 家经销商。

而在泡泡玛特初期融资的过程中，很多大型机构都对其并不看好，认为泡泡玛特的盲盒不具有市场潜力，但从结果上来看，盲盒对于以 95 后为代表的"Z 世代"具有极强的吸引力。泡泡玛特在资本市场也混得如鱼得水，上市前一共完成了八轮融资，投资方涵盖启赋资本、华强资本、黑蚁资本、华兴新经济基金等知名投资机构。截止 2021 年 4 月 18 日，其市值已达到 952 亿港元。

问题：
请试着分析泡泡玛特为何会受到资本的青睐？

术语解读：
巴菲特的护城河： 护城河实际上是指投资的企业在某一方面的核心竞争力。一家企业的护城河可以帮助企业提升资本回报率（或者盈利收益率），资本回报率可以体现在企业的长期业绩增长上，而长期业绩的增长将为企业带来更多的未来价值。用巴菲特的话说，企业的价值是所有未来现金流的折现。常见的护城河包含经久耐用的产品、品牌、专利、高端商品、分销渠道等。

短期投资： 短期投资是指企业购入的各种能随时变现、持有时间不超过一年的有价证券以及其他投资。

长期投资： 长期投资是指不准备随时变现、持有时间超过一年的企业对外投资。长期投资之所以区别于短期投资，不仅在于投资期限的长短，更在于投资目的的不同。

价值投资：要确定一件东西是否便宜，必须将其当前的价格与其内在价值进行对比，而不是从投机性或者主观愿望出发的角度进行分析。

案例 2　　为什么勤劳却不富有？

李四有两个爸爸："穷爸爸"是他的亲生父亲，一个高学历的企业职员；"富爸爸"是他好朋友的父亲，一个善于投资理财的企业家。李四遵从"穷爸爸"为他设计的人生道路：上大学，毕业后去当地的国企上班，走过了平凡的人生初期。直到李四亲眼目睹一生辛劳的"穷爸爸"失了业，而"富爸爸"则成了五川省的有钱人。

李四开始思考：工人每天早出晚归，甚至把老少留在家乡，自己常年在外打工，日复一日，一年到头就是为了一份糊口的收入，没有剩余财富，在温饱的边缘活着。而比尔·盖茨每天也早出晚归，但他不仅吃住不愁，而且他的财富超过 500 亿美元。即使他什么都不做，每年的投资收入也有 50 亿美元甚至更多！财富水平为什么这么千差万别？难道剥削真的是贫富差距的根源？在今天的世界，勤劳是否还是财富与收入的决定性因素？是否还要坚持"勤劳致富"？如果不是勤劳，那又是什么呢？

李四去找"富爸爸"为自己解答疑惑，"富爸爸"反问了他这么几个问题：

第一，马云说他对钱不感兴趣，如果富人不为钱工作，为什么钱还围着他转？为什么富人越来越有钱，而穷人越来越穷？

第二，普通人要不要学习财务知识，要学什么财务知识？

第三，普通人靠什么赚钱？富人靠什么赚钱？

第四，你能区分你花钱的地方吗，什么买的是消费品，什么买的是投资品？

第五，假想一下，你如何学会不为钱工作？

（资料来源：罗伯特·清崎《富爸爸和穷爸爸》）

问题：

请你试着和李四一起探索上面问题的答案。

术语解读：

消费（Consumption）：指为了生产和生活需要而消耗物质资料。

投资（Investment）：是货币收入或其他任何能以货币计量其价值的财富拥有者牺牲当前消费、购买或购置资本品以期在未来实现价值增值的谋利性、经营性活动。

复利（Compound Interest）：是指在计算利息时，某一计息周期的利息是由本金加上先前周期所积累利息总额来计算的计息方式,也即通常所说的"利滚利"。

思考与练习：

1. 什么是有效投资？
2. 你认为投资中最重要的原则是什么？

扩展阅读：

投资里的寓言故事

故事一：温水煮青蛙（又称"牛蛙效应"）

把一只牛蛙放在开水锅里，牛蛙会很快跳出来；但当你把它放在冷水里，它就不会跳出来，然后慢慢加热，起初牛蛙出于懒惰不会有动作，当水温高到它无法忍受之时，它就想出来，但已没有力气了。

股市里的"牛蛙效应"：为什么说"十个炒股九个亏"？当股市总体上涨的时候，稍微跌一点，大家会理解为牛市的正常回调，缺乏危机意识，仍看涨；等跌破心理价位的时候又容易觉得，已经到这里了，有政策兜底，不可能再低了。追涨杀跌、厌恶损失是普通股民经常的做法。资本是很敏感的，等到普通股民感到股市的温度，不管是上涨还是下跌，常常会被当做韭菜，被市场收割。

故事二："羊群效应"

"羊群效应"最早是股票投资中的一个术语，主要是指投资者在交易过程中存在学习与模仿现象，有样学样，盲目效仿别人，从而导致他们在某段时期内买卖相同的股票。

在一群羊前面横放一根木棍，第一只羊跳了过去，第二只、第三只也会跟着跳过去；这时，把那根棍子撤走，后面的羊走到这里，仍然像前面的羊一样向上跳一下，尽管拦路的棍子已经不在了。这就是所谓的"羊群效应"，也称"从众心理"。

"羊群效应"是行为金融学领域中比较典型的一种现象，主流金融理论无法对之解释。经济学里经常用"羊群效应"来描述经济个体的从众跟风心理。羊群是一种很散乱的组织，平时在一起也是盲目地左冲右撞，如一旦有一只头羊动起来，其他羊也会不假思索地一哄而上，全然不顾前面可能有狼或者不远处有更好的草。因此，"羊群效应"就是比喻人都有一种从众心理，从众心理很容易导致盲从，而盲从往往会陷入骗局或遭到失败。

术语解读：

追涨杀跌： 追涨杀跌是金融市场中的专业术语。具体指的是在金融市场（股票、期货、外汇等）价格上涨的时候买入金融产品，以期待涨得更多，然后以更高的价格卖出后获利了结。在金融市场价格下跌的时候卖出金融产品，以更低的价格买入，以获取价格下跌的收益。

厌恶损失： 在行为金融学中，厌恶损失（Loss Aversion）用于描述投资者按照自己心理账户的"平衡"来做投资决策，在调整资产结构时，往往卖出组合中某些盈利的品种，而留下仍然亏损的品种的投资行为。

第十一章

金融市场

▼

案例 1　股票、债券、基金是什么？

从前有个成辅村，村里自然条件很好，非常适合猕猴桃种植。村里的张三很会种植，李四很会营销，于是张三和李四决定一起合作成立一家名为"青城果蔬"的公司。这家公司初始投资 20 万元，两人各出资一半，各占股 50%，重大事情由两人商量决定。如果把公司股份化成 1000 份，那么每份价格就是 200 元。这里的 1000 份就是我们常说的公司股份，每股价值 200 元。哪天这家公司上市了，投资者觉得公司有潜力，愿意出更高的价格买入股份，单股价格就会上涨。

所以股票代表着股份，即意味着拥有权。张三手上拥有 50% 的股份，所以公司每赚 1 元，张三就可以获得 $1 \times 50\% = 0.5$ 元的收入，而当每亏损了 1 元时，张三都要付出 $1 \times 50\% = 0.5$ 元的代价。因此，股票投资赚钱有两种方式，第一，靠公司赚钱，分红；第二，公司赚钱了，大家看好你，股价上涨，低买高卖赚差价。收益可以很大，但是风险也很大，因为拥有的这家公司可能因为经营不善而股价暴跌。

两人商量好后，问题来了，张三以其猕猴桃园的实物入股，李四以现金入股作为启动资金，第一年生意非常红火，于是两人合计，要不要明年再承包一些地，扩大种植规模，建立现代化产业养殖园。但是投入成本太大，估计还得再投 50 万元。两个人想了个办法，向全村人筹款借钱，但是付给他们利息，这就涉及了"债"。村长开了村民大会，大会就为青城果蔬有限公司投资热烈讨论，最终决定向他们提供借款，约定借钱期限三年，每 100 元每年给 5 元利息，到期还本付息。大家一听是个好事，100 元在家里放着也是放着，借给他们，一年还能赚 5 元，很快钱就凑齐了。

上面涉及的这笔债，它的发行主体是一家企业（青城果蔬有限公司），所以又叫企业债，意思是你和这家企业产生了债务关系。而如果是国家向你借钱，那就是国债。债券，就是把一项债务关系中所包含的东西全都标准化了。标准化的东西有债券面值、偿还期、付息期、票面利率和发行人名称。相对股票而言，债券的风险更小，因为不用承担经营的风险。既然债券风险小，相对应的，收益肯定也小。因为收益从一开始就确定了，就是利息，但是债券有违约风险。

三年的时间很快就过去了。生意越来越红火，但是果蔬市场的竞争也日趋激烈，张三和李四决定要进行产业转型和升级，想要把生产基地全部升级成自动化机器，同时准备延长产业链做猕猴桃乳酒生意。但是村民们的资金远远不够投资如此大的项目，张三和李四去银行贷款，但是银行贷款的款项也不够企业进行如此大的转型。

好在村里有个叫王五的投资人，听说家乡知名的青城果蔬有限公司有经营困难，想了一个办法。他在城里跟投资人说，自己非常看好未来的果蔬市场，希望能把大家的资金聚集起来，投向这类公司。投资人一听，觉得方案可行，布局有前瞻性。于是成立了基金，成功募集了 200 万元，王五拿着钱投资了青城果蔬，并占有一定的股份。

基金就是一种投资委托代理关系。你委托专业机构（基金管理公司）作为代理人帮你管理资金和进行投资。基金最大的特点是投资的专业性，专业人士帮你去投资，比如替你寻找像青城果蔬这种商业模式非常好的公司。基金投资的时候一般会进行分散投资（投向多个对象），因此风险相对而言就比股票小。基金和债券的风险不好直接比较，因为基金会有不同的种类。但能明确的是，基金和债券的风险都比股票要小很多。

问题：
如何评价张三和李四的投资决策，选用不同的集资方式对青城果蔬公司有何不同影响？

术语解读：

股票（Stock）：股票是股份公司所有权的一部分，也是发行的所有权凭证，是股份公司为筹集资金而发行给各个股东作为持股凭证，并借以取得股息和红利的一种有价证券。

债券（Bonds）：债券是指一种有价证券，是社会各类经济主体为筹集资金而向债券投资者出具的、承诺按一定利率定期支付利息并到期偿还本金的债权人全权债务凭证。

基金（Fund）：广义上说，基金是指为了某种目的而设立的一定数量的资金。例如：信托投资基金、公积金、保险基金、退休基金以及各种基金会的基金。

上市（Initial Public Offerings）：指企业通过证券交易所首次公开向投资者增发股票，以期募集用于企业发展资金的过程。

案例2　小白如何买保险？

张三今年毕业了，终于开始自己赚钱了，他刚好看到李嘉诚说的一句话，"任何一个不考虑健康和意外的理财计划都是不完美的。因为这是你理财的前提，否则你辛辛苦苦理的财将付之东流"。于是，他考虑给自己买一份保险，多一点保障，但是又很迷茫，不知道该怎么买保险。这时候，张三听说有个大学同学王五是做保险的，就马上联系了王五。

张三碰到王五，马上连环问道："请问保险公司的什么保险产品最好？"

"保险品类太多了，有没有一张保单就能解决的保险？"

"有没有那种没出事就能退钱的保险，当做理财用的保险？"

问题：

1. 请问张三在考虑买保险时需要思考哪些问题？
2. 如何看待和理解张三提的问题？

术语解读：

保险（Insurance）：是指投保人根据合同约定向保险人支付保险费，保险人对于合同约定的可能发生的事故因其发生所造成的财产损失承担赔偿保险金责任，或者被保险人死亡、伤残、疾病或者达到合同约定的年龄、期限等条件时承担给付保险金责任的商业保险行为。

人寿保险（Life Insurance）：是人身保险的一种，以被保险人的寿命为保险标准，且以被保险人的生存或死亡为给付条件的人身保险。

财产保险（Property Insurance）：是指投保人根据合同约定向保险人交付保险费，保险人按保险合同的约定对所承保的财产及其有关利益因自然灾害或意外事故造成的损失承担赔偿责任的保险。

社会保险（Social Insurance）：社会保险计划由政府举办，强制某一群体将其收入的一部分作为社会保险税（费）形成社会保险基金，在满足一定条件的情况下，被保险人可从基金获得固定的收入或损失的补偿，主要项目包括养老保险、医疗保险、失业保险、工伤保险、生育保险。

五险一金：五险一金是指用人单位给予劳动者的几种保障性待遇的合称，包括养老保险、医疗保险、失业保险、工伤保险、生育保险及住房公积金。

思考与练习：

1. 股票、基金、债券、保险在风险和收益方面有何不同？
2. 社会保险与商业保险有何异同？

扩展阅读：

社保和商保

保险种类分为社保和商保，社保是国家的一项福利，大病、小病、门诊等都可以报销，价格很便宜，一年几百元。但它有局限性，使用医保卡就医，费用超过医保规定范围 1800 元以上的部分才能按 70% 报销。乙类、丙类药物及器械费用不包含在 70% 的报销范围内，即很多进口药或者进口医疗设备，社保都不报销。商业保险跟社保不一样，社保是报销型的，先治疗再根据情况报销；而商业保险一般是现金赔付，但是价格会更高。所以想要买保险，必须先搞明白保险包括哪些，不同种类的保险有什么作用，适合哪些人群购买。以下是常见的保险类型：

保险种类	保障内容	适合人群	投保建议
社会保险	基本养老保险、基本医疗保险、工伤保险、失业保险、生育保险	普通民众	基础保障，建议选择投保
意外险	摔倒、交通事故等意外造成的身故、伤残的赔偿和医疗费用	全年龄段	可以选择性价比高的一年期产品
重疾险	弥补重大疾病带来的家庭经济损失	0—55 岁	有预算建议保障终身
医疗险	报销住院产生的相关医疗费用	0—60 岁	首选百万医疗
寿险	身故/全残赔付保额	承担家庭责任的成年人	建议购买定期寿险

（资料来源：槽叔《你的第一本保险指南》）

第十二章
汇率与资本市场

▼

案例 1 已经签订的合同价格为什么变了？

某外贸公司代理国内某客户从比利时进口设备一台，合同计价货币为比利时法郎。在合同执行过程中，对方提出延期交货，客户表示默认，未做书面合同修改。后因汇率变动，比利时法郎升值，该外贸公司的付款金额与原先合同相比将会发生什么样的变化？

问题：

1. 如果在结算时比利时法郎贬值，又会发生什么变化？
2. 在国际贸易中如何避免因为这种汇率变化引发的成本变化？

术语解读：

汇率： 又称外汇利率、外汇汇率或外汇行市，指的是两种货币之间兑换的比率，亦可视为一个国家的货币对另一种货币的价值。

案例2　美联储疯狂印钞票，对世界金融体系有什么影响？

2008年美国爆发了金融危机，这场由雷曼兄弟破产引发的次贷危机迅速从美国扩展到全球。美国、日本、欧盟等主要发达经济体都陷入了衰退，发展中国家经济增速减缓，世界经济面临着20世纪30年代以来最严峻的持久战。从此，由美国开始的一系列放水政策，到全世界各央行跟随的超宽松货币政策开始救市，刺激经济增长。而几乎所有经济危机都是靠全球放水、货币超发来解决的。什么是放水？放水即政府会通过基础设施建设、发放贷款、发放补助、国际流通等方式，将美联储印刷的美元流入市场。因为突发危机的影响，普通民众担心风险，所以更不愿意用现金或贷款来消费，民众不愿意消费，市场疲软，经济就发展不起来。政府为了刺激民众，通过各种办法往市场上投放大量货币，让民众感觉自己还挺有钱，进而刺激消费，促进经济发展。

2021年1月，拜登推出1.9万亿美元的刺激计划，折合人民币12.3万亿元。什么概念？就相当于美联储要加印1.9万亿美元并投入市场，2020年中美贸易顺差大约是3000亿美元，这是全国人民努力的结果，但是拜登一个政策下来，直接是2020年的四倍顺差。实际上，凭借着美元霸权赋予的超级权力，从去年3月份开始，美国政府和美联储就开启了疯狂的"印钞"救市计划。放水可能在短时间内让大家都感受到财富的快感，但是纵观历史，大放水时代的贫富分化只会越来越严重，穷人越穷，富人越富。超发的货币永远不会涌向普通人，而是变成了富人手里剥削穷人的筹码。

资本市场有句俗语：美联储开印，全世界遭殃！

物以稀为贵，市场上的美元多了，美元相对其他货币来说就贬值了，相当于美元更便宜了，那以美元结算的产品在市场上就更有竞争力，超发的美元靠海量进口外国生产的各类商品流向世界各地，比如现在我们生产的口罩、呼吸机等商品。最后，美国购买到了全世界劳动人民的生产成果，而其他国家手里多了大量美元。美国继续印钞，其他国家手里的美元很快就贬值了。这主要得益于美元是世界通用结算货币，通过超发美元这种方式，美国成功实现了国内通货膨胀的"乾坤大挪移"，顺利收割了全球财富。

这种连续大规模的经济刺激真能力挽狂澜吗？又会对经济造成怎样的影响？一旦进入日常消费品市场，进而导致全面物价上涨，严重的话就是通货膨胀；一旦进入资本市场，就会看到股市出现一轮虚假的牛市；一旦涌入楼市，楼价就会大幅走高。美联储放水，华尔街在全球无压力地轻松做老板，其他国家肯定不能坐等被收割，所以也会跟着放水，印钞、增发债券、降低利率。疫情以来，大家都在放水，全球成了"一片汪洋"。

问题：

美联储疯狂放水，对中国经济有什么影响，对你的生活又有什么影响？

术语解读：

放水：经济放水是指采取降低利率、降低商业银行保证金、公开市场逆回购投放流动性等手段。"央行放水"向市场投入流动性之后，将会增加市场的存量资金，有利于激活市场，但是很可能会引起市场价格的上涨，推高物价水平。

通货膨胀（Inflation）：是造成物价上涨的一国货币贬值。通货膨胀和一般物价上涨的本质区别是：一般物价上涨是指某个、某些商品因为供求失衡造成物价暂时、局部、可逆地上涨，不会造成货币贬值；通货膨胀则是能够造成一国货币贬值的该国国内主要商品的物价持续、普遍、不可逆地上涨。造成通货膨胀的直接原因是一国流通的货币量大于本国有效经济总量。

货币政策（Monetary policy）：也就是金融政策，是指中央银行为实现其特定的经济目标而采用的各种控制和调节货币供应量和信用量的方针、政策和措施的总称。

货币贬值（Currency Devaluation）：指单位货币所含有的价值或所代表的价值的下降，即单位货币价格下降。通俗来说就是钱不值钱了，原先花100元能买到的东西，现在要花更多钱才能买到。

货币增值（Currency Appreciation）：指国家通过增加本国货币的含金量，提高本国货币对外国货币的比价。这种升值常常是在世界金融危机时，一国为了阻止外国货币的大量流入，避免本国货币在国内加速贬值而被迫采取的一种措施。货币升值的国家由于货币对外比价提高，出口商品价格随之提高，进口商品价格相应降低，削弱了商品的竞争能力。

思考与练习：

1. 通货膨胀对经济会有什么影响？
2. 货币是越值钱越好？人民币升值对我们的生活有什么影响？
3. 什么是金融泡沫？

扩展阅读：

非洲最穷国家津巴布韦，遍地都是亿万富翁

1980 年刚刚独立时，津巴布韦是一片乐土，国民经济状况极好，比中国的日子好过多了。有几年大旱，津巴布韦依然向 15 个非洲国家出口 45 万吨玉米，更难能可贵的是，在灾荒第二年继续雪中送炭出口粮食，而自己的国民则衣食无忧。正是得益于发达的农业，津国经济在南部非洲曾仅次于工业强国南非。然而 2000 年，老穆推行土改政策，强行收回白人农场主的土地，分配给无地或少地的"黑人兄弟"，此举令津巴布韦和西方国家的关系迅速交恶。2002 年，美国与欧盟联手实施经济制裁，津巴布韦币值一落千丈，通胀严重。进入 21 世纪后，津巴布韦开始日益陷入严重的经济危机。

到 2006 年，津巴布韦的年通胀率为 1042.9%，2007 年则冲到 10000% 以上。到 2009 年，津巴布韦的通胀率达到惊人的 231000000%。这一年，津巴布韦央行曾发行 100 万亿面值的津巴布韦元（简称津元）纸币，成为世界上"零"数最多的纸币，足足有 14 个零。一张面值 100 万亿津元的纸币，当时折合人民币大概是 2.5 元，民众出门买个日用品都要带上一麻袋的钱。津巴布韦人均 0.1 美元的

GDP 使之沦为世界上最贫穷的国家之列。2009 年 4 月，津巴布韦政府宣布不再发行本国货币。美元、欧元、英镑、人民币、日元、澳元、印度卢比等 9 种货币都被允许在当地流通，而且政府不设定汇率。

同时，近年来津巴布韦因为外汇短缺陷入经济危机，自行创造"债美元"来补充国库，又采取"换币"行动，将巨额津元换成美元。所谓的"债美元"肯定没法在别国流通，只能在本国的一些小商店买买东西。

第四单元

▼

运 筹 学

第十三章

线性规划不神秘

▼

案例 1　医院需要多少人手？

为满足 2020 年防疫工作的需要，医院增加了值班人手，重新安排了护士的值班表。不同时段需要的人数不同，白天人多一点，晚上人少一点，按照每 4 小时一个时段排班，每班工作 8 小时。例如，第 1 组值班护士早上 6 点上班，下午 14 点下班；第 2 组早上 10 点上班，下午 18 点下班，以此类推。具体的安排统计数据如表所示。

值班需求表

序号	时段	最低人数（人）
1	6:00 — 10:00	60
2	10:00 — 14:00	70
3	14:00 — 18:00	60
4	18:00 — 22:00	50
5	22:00 — 2:00	20
6	2:00 — 6:00	30

问题：

如何排班使所需护士人数最少？（只需方法，不必求解）

案例 2　奶茶店要多久才开始赚钱？

一个学生搞创业项目，在学校里开了一家奶茶店。该店所售奶茶的平均零售价是 18 元 / 杯，而制作一杯奶茶的平均成本是 6 元。为了经营这家奶茶店，该学生花了 3 万元用于购买设备，房租花费为每年 7 万元，一年内支付员工工资共计 5 万元。

问题：

请问该奶茶店大约要卖多少杯奶茶才开始赚钱？

术语解读：

运筹学：又常被称为数学规划（Math Programming）、优化（Optimization）、最优化理论、决策科学（Decision Science）等。运筹学是 20 世纪 30—40 年代发展起来的一门新兴交叉学科，它主要研究人类对各种资源的运用及筹划，如何在满足一定限制条件的情况下发挥有限资源的最大效益，达到总体最优的目标，即所谓的"运筹帷幄"。运筹学最初由钱学森引入中国，最开始的用途是优化航空或军工等领域。例如，我们用导航软件查从一地到另一地的最短路径问题，就是一个典型的运筹学问题。该问题的目标是找到路程最短（或者最省时间）的驾驶路径，限制条件往往有单行路段以及每条路段的限速等（都可以写成严格的数学表达式）。运筹学里的优化模型作为数学建模里的一种模型，在各个领域被广泛应用；运筹学里的优化算法作为数值解决各类优化问题的关键，应用更为广泛。简单来说，凡是生活工作中涉及到"最"字的，例如利润最大化、成本最小化，基本就和运筹学有密切关联。

数学建模： 就是根据实际问题来建立数学模型，用数学模型进行求解，然后根据结果去解决实际问题。

线性规划： 对于线性规划，首先要了解什么是"线性"。通俗地说，线性就是现实世界中最常见的事物之间的比例对应关系。如果用图形来表示，那么它们之间的对应关系可以用一条稳定的直线来表示，这就是"线性"概念的来源。例如，汽车以一定速度行驶，它的路程和时间相互成比例，这就是线性问题。如果约束条件和目标函数都呈线性关系就叫线性规划。线性规划是数学建模里最经典、最常用的模型之一。线性规划模型可用于求解利润最大、成本最小、路径最短等最优化问题。瑞典数学家拉尔斯·戈丁（Lars Garding）曾说过："如果不熟悉线性代数的概念，要去学习自然科学，现在看来就和文盲差不多。"

盈亏平衡点： 又称零利润点、保本点、盈亏临界点、损益分歧点、收益转折点，通常是指全部销售收入等于全部成本时（销售收入线与总成本线的交点）的产量。以盈亏平衡点为界限，当销售收入高于盈亏平衡点时，企业就盈利；反之，企业就亏损。盈亏平衡点可以用销售量来表示，即盈亏平衡点的销售量；也可以用销售额来表示，即盈亏平衡点的销售额。

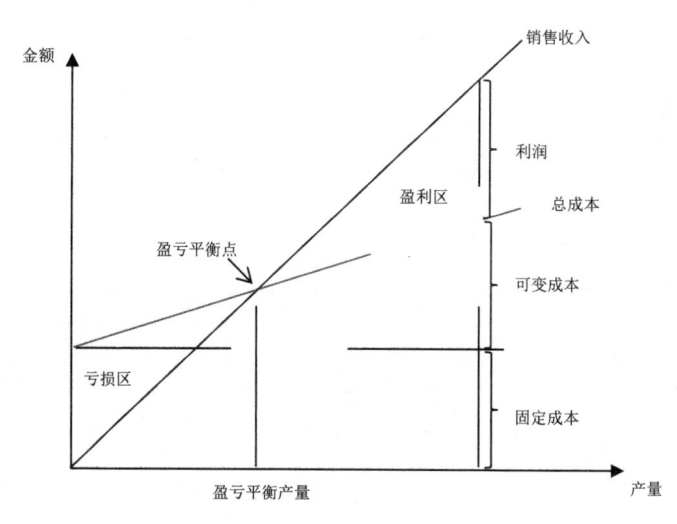

盈亏平衡分析图

思考与练习：

1. 某复印部规定，复印一张纸的价格为0.2元，如果固定成本为每年27000元，可变成本为每张 5 分，求该公司盈亏平衡点的销售额。

2. 某公司由于生产需要，共需 A、B 两种原料至少 350 吨（A、B 两种材料有一定替代性），其中 A 原料至少购进 125 吨。但由于 A、B 两种原材料规格不同，各自所需的加工时间也是不同的，加工 A 原料每吨需要 2 个小时，加工 B 原料每吨需要 1 小时，而公司总共有 600 个加工小时。又知道 A 原料每吨的价格为 2 万元，B 原料每吨的价格为 3 万元，试问在满足生产需要的前提下，在公司加工能力的范围内，如何购买 A、B 两种原料使得购进成本最低？

扩展阅读：

运筹学的过去、现在与未来

朴素的运筹思想在中国古代历史发展中源远流长。公元前 6 世纪的著作《孙子兵法》是我国最早的古代军事运筹思想典籍，研究如何筹划兵力以争取全局胜利。现代运筹学起源于 20 世纪二战期间，并因其在军事作战方面的大量成功运用而得到蓬勃发展。1935—1938 年被视作运筹学基本概念的酝酿期。英国为了有效地运用新研制的雷达系统来对付德国飞机的空袭，在皇家空军中组织了一批科学家进行新战术试验和战术效率研究，并取得了满意的效果。他们这种工作叫做"Operational Research"（我国翻译成"运筹学"）。目前，运筹学常见的应用领域包括交通领域（如 GPS 导航）、仓储、运输等物流以及供应链领域、制造业领域（如生产流程优化）、电力领域（如电网的布局以及分配）、工程技术领域（如铺设输油管道）、交通领域（如火车、飞机的调度问题）、经济金融领域（如资产配置、风险控制等）、国防安全等。未来，运筹学将运用在更广泛的范围，例如应急管理、医学、药物学、人工智能、大数据处理、图像处理、信息安全、无线传感定位等，给人类的生活带来更多进步与改变。

第十四章
直面风险与概率

案例 1　小杨该怎么理财才更稳妥？

刚刚大学毕业的小杨辛苦工作了 2 年，存下了 5 万元的积蓄。小杨想把这些钱用来理财，为以后买房做准备。可小杨平时没有关注过理财知识，不知道该选择哪种理财方式比较好，就请教了身边的同事和自己的父母。他的同事中有的是资深股民，就建议他把钱投到股市中博取高收益，当然也提醒了他投资股市也是很有风险的；一些同事则建议小杨去购买理财产品，收益比存银行更高、风险比买股票更小；他的父母建议他将这些钱存入银行，风险很低、收益有保障。咨询一番之后，小杨还是一头雾水，因此他决定自己去认真了解调查一下。

小杨研究了这三种理财方式大致的收益和风险，他发现理财的收益与市场经济形势之间存在着较大关联。无论经济形势如何，银行定期存款的年收益率大概是 1.7%。对理财产品来说，每年的收益明显受到经济形势的影响。在经济不景气时期，理财产品可能不会带来任何收益；在经济形势一般时期，理财产品的收益率略高于银行储蓄，大概能达到 5%—6%；在经济繁荣时期，理财产品的年收益率明显好于银行储蓄，大概可以达到 6%—7%。对于股票来说，高风险和高收益并存。在经济不景气时期，股票不仅没有收益，每年还会带来 30% 的损失；在经济形势一般时期，股票的年收益率大概达到 10% 左右；在经济繁荣时期，股票的收益有时可以高达 30% 以上。

问题：

那么小杨应该怎么理财才比较稳妥呢？

案例2　支付宝的"集五福"活动

春节时支付宝推出了"集五福"活动，所有使用支付宝钱包集齐"五福卡"的用户，能够一起随机瓜分2亿元的现金红包。活动的具体规则是打开支付宝的"扫一扫"功能，对准任意一个"福"字扫一扫，即可领取福卡；或者开通"蚂蚁森林"，帮好友浇水，也有机会得到福卡。

活动刚一推出，支付宝就一口气发了几千万张"敬业福"，后来陆续推出了新的福卡，再后来又推出了"万能卡"和"顺手牵羊卡"。其中，"万能卡"能够变换任意一种福卡，"顺手牵羊卡"可以从朋友收集的福卡中"偷"来一张，放到自己的福卡包中。显然，支付宝推出这样的福卡就是想让更多的人参与到集福卡的活动中，共同瓜分这2亿元的红包。

（资料来源：刘强《优化之道：生活中的运筹学思维》）

问题：

为了这个2亿元的红包，我们值不值得花费将近一个月的时间来集齐"五福卡"呢？

术语解读：

概率： 是对事件发生可能性大小的度量。不会发生的概率为 0，一定会发生的概率是 100%，也可以说是 1。例如，抛硬币时正面和反面出现的可能性都是 50%，抛骰子时 1 点到 6 点出现的可能性都是 1/6，这些概率值通过直觉和经验就能想出来。虽然我们知道只试几次不一定是这个结果，但当试验次数很多时，出现的频率就会接近概率值，无穷次时，频率就会等于概率。

风险： 通俗地讲，风险就是发生不幸事件的概率。换句话说，风险是指一个事件产生人们所不希望的后果的可能性。

期望： 在概率论和统计学中，数学期望 (mean)（或均值，亦简称期望）是试验中每次可能结果的概率乘以其结果的总和。期望通常用来表示对未来某事件的总体把握。例如，在射击比赛中，A 的实力更强，B 的实力更弱，对于下一次射击，如果不出意外的话，A 的得分肯定会比 B 高，此时衡量的就是下一次他们射击得分的期望，明显 A 的得分期望要更高。这不是说 A 在下一次射击中得分一定会比 B 高，只是说明人们对 A 下一次射击成绩的心理预期值更高，觉得 A 取得更好的射击成绩的把握更大。

思考与练习：

1. 请列举几个生活中关于概率的例子。

2. 在一档游戏节目中，有一位参与者和一位主持人。在参与者的面前有三扇关闭的门，其中两扇门的后面是空的，剩下一扇门的后面是一辆法拉利跑车。主持人知道哪一扇门后面有跑车，但参与者不知道。此时让参与者选一扇门，如果选择的是后面有跑车的那扇门，跑车就作为奖励送给参与者。一共有三扇门，参与者随机做选择，获奖概率肯定是 1/3，获奖的机会还是挺大的，因此游戏做了一些规则规定。然后，游戏开始了。

当参与者选择了 2 号门以后，主持人暂时先不打开这扇门，而是将剩下两扇门中的 3 号门打开了，是空的。此时主持人给了参与者重新选择的机会：可以坚持刚才选择的 2 号门，也可以换成没有打开的 1 号门。如果你是游戏参与者，你该怎样选择让获奖率更大？获奖率又是多少？

扩展阅读：
你的朋友总是比你更受欢迎吗？

你是"朋友遍天下"的社交高手还是属于人际交往存在困难的宅男宅女？也许这个问题深深刺痛了不少渴望交际但又不善交际的少男少女的心。当他们看到某个朋友每天应酬繁多，而自己的手机却常年不响一声，微信上也没几个人找他们聚会的时候，他们的内心一定是存在失落感的。实际上，几乎每个人都会觉得自己的朋友拥有比自己更多的朋友。换句话说，就是自己的朋友数几乎总是小于自己所有朋友的朋友数的平均值。这种情况被称之为"友谊悖论"，最早是由社会学家斯科特·L. 菲尔德（Scott L. Feld）于 1991 年首次观察到的一种现象，即平均而言，你的朋友比你拥有更多的朋友。

这个结论看上去违背了我们的直觉：友谊是双向的，如果我是某个人的朋友，那个人必然也会是我的朋友。所以，我们会不假思索地认为任何人的朋友数和他的朋友比起来应当差不多，怎么可能他们的平均朋友数会比我们自己的多呢？

尽管这一现象显得自相矛盾，但它是真实存在的，这是由概率统计所带来的奇妙结论之一。更精确地描述就是：朋友的朋友均数 = 朋友均数 + 朋友数方差 / 朋友均数。

当大家知道了这个事实后，心理上应该有了些许安慰吧，你的朋友看起来总是拥有比你更多的朋友，其实只是其中某几个人际交往明星从中作梗，让你产生了这种错觉而已。想想其实也很简单，你更有可能与朋友比你多的人成为好朋友。我们总是在被比自己更有人脉的人"收编"。

你现在大概明白了为什么你在微博上关注的人可能会比你拥有更多的粉丝了吧，因为"友谊悖论"也可能发生在在线社交网络中。网络时代的营销策略也充分利用了"友谊悖论"。当你被要求转发朋友圈或 @ 几位好友才能享受优惠时，商家正是看中了你的朋友们比你朋友多。他们的广告如果能继续传播，营销效果会加倍地好。

第十五章

秒懂博弈论

▼

案例 1　电视频道争夺战

阿丽和阿强姐弟俩一起进城打工，阿丽在一家公司当出纳，阿强则是一名外卖骑手。他们俩平时上班都很忙，今天难得姐弟俩的休息时间凑在了一起。晚饭过后，姐弟俩坐在客厅沙发上准备看电视节目。阿强早早地就把频道锁定在了体育频道，因为今晚体育频道将现场直播他最喜欢的球队的比赛，他是梅西的铁粉。但是，另一个频道在同一个时间段将要播出一部阿丽喜爱的连续剧。阿丽追剧追了 10 多集了，剧情跌宕起伏，已经发展到最精彩的阶段，阿丽自然不想错过。于是，一场电视频道的争夺战就此展开了。

弟弟阿强认为，自己平时工作忙，根本就没有时间看球赛，电视一般都是姐姐一个人独享。今晚好不容易有机会看一场球赛，姐姐应该让他一次，而且连续剧以后还会重播，到时候再补上就行了。但是姐姐阿丽可不这么想，她觉得弟弟今天一直在看体育频道，已经看了大半天了，现在应该让给她看。再说，想要知道比赛结局，直接看新闻就行了；想要看比赛过程，明天还会有重播。眼看着比赛马上就要开始了，连续剧播出时间也快到了，两人还在各执一词，互不相让。

问题：

如果从博弈论的理论来看，两个人应该做出怎样的选择呢？

案例 2　教授的游戏

有位教授在课堂上跟学生们玩了一个游戏。他拿出一张 100 美元钞票，请大家给这张钞票开价，每次以 5 美元为单位叫价，出价最高的人将得到这张 100 美元钞票，而其他参与出价的人不但得不到这张钞票，还要向教授支付出价数目的费用。请注意，开价按规定是可以低于 100 美元的。

问题：

你觉得教授会损失多少钱？

术语解读：

博弈： 根据 2005 年因博弈论而获得诺贝尔经济学奖的罗伯特·奥曼教授的看法，所谓博弈，就是策略性互动决策。任何一个博弈，至少包括三个要素：一组局中人（一个局中人集合）、局中人可以采取的行动（出招）、局中人可能得到的盈利。

静态博弈： 根据行为的时间序列性，参与人在博弈中同时做出选择。

纳什均衡： 又称非合作博弈均衡，是博弈论的一个重要策略组合，以约翰·纳什命名。在纳什均衡状态下，每个参与人所采取的策略都是对于其他参与人策略的最优反应。以二人博弈为例，纳什均衡就是一个策略组合（甲的策略、乙的策略），甲的策略是对乙的策略的最优反应，而乙的策略也是对甲的策略的最优反应。

最优反应： 当一个人的对手选定一个策略时，他选择某个策略的结果比选择其他策略的结果都要好，那这个人所选择的这个策略就是他对对手选定策略的最优反应。

理性与非理性： 博弈论最初是以理性人的假设出发的，即在理性条件下，人们会如何做出最有利于自己的选择。在博弈论中，理性的定义包含如下三个条件：参与者掌握所有情况、能对所有情况出现的可能性加以甄别、会最大化预期效用。如此，可以认为参与者是理性的。但在现实的世界中，人们是不可能绝对理性的，总有低度理性甚至是无智商的群体。在低度理性或者非理性条件下，人们的选择有可能表现出完全混乱或者是趋向犯相同错误的情况，比如股市上的癫狂或者崩盘。

思考与练习：

1. 请用本章学到的方法去分析美国作家欧·亨利的作品《麦琪的礼物》，说说为什么会出现"好心办了坏事"。

故事梗概：吉姆和德拉是一对经济拮据但感情深厚的夫妻。丈夫吉姆有一块三代祖传的金表，却没有表链；妻子有一头美丽的长发，却缺少一把玳瑁梳子。在圣诞节前夕，两人分别悄悄外出为对方购买礼物，结果吉姆卖掉了他的金表为德拉买了一把镶着珠宝的玳瑁梳子，而德拉卖掉了自己的长发为吉姆买了一条白金表链。

2. 请同学们从历史故事、时事新闻或自己的生活经历中列举 2—3 个博弈的案例。

扩展阅读：

囚徒困境

这里讲一个在博弈论中非常经典的模型，叫做囚徒困境。

两个人因盗窃被捕，警方怀疑其有抢劫行为，但未获得确凿证据可以判他们犯了抢劫罪，除非至少有一个人供认。即使两个人都不供认，也可判他们犯盗窃物品的轻罪。

犯罪嫌疑人被分离审查，不允许他们之间互通消息，并交代政策如下：如果两个人都供认，每个人都将因抢劫罪加盗窃罪被判 3 年监禁；如果两个人都拒供，则两个人都将因盗窃罪被判处半年监禁；如果一个人供认而另一个拒供，则供认者被认为有立功表现而免受处罚，拒供者将因抢劫罪、盗窃罪以及抗拒从严而被重判 5 年。

我们用表格将两人面临的博弈问题表示如下：

囚徒乙

	供认	拒供
囚徒甲 供认	3 年，3 年	0 年，5 年
拒供	5 年，0 年	0.5 年，0.5 年

如表格所示，如果两个囚徒都拒供，则每个人判 0.5 年；如果两个人都供认，则每个人判 3 年。相比之下，两个囚徒都拒供似乎是一个比较好的结果，但是这个比较好的结果实际上不太容易发生。因为两个囚徒都会发现，如果对方拒供，则自己供认便可立即获得释放，而自己拒供则会被判 0.5 年，因此供认是比较好的选择；如果对方供认，则自己供认将被判 3 年，而自己拒供会被判 5 年，因此供认是比较好的选择。

无论对方拒供或供认，自己选择供认始终是更好的，这就是囚徒困境。由于两个囚徒都发现供认是自己更好的选择，因此博弈论的稳定结果是两个囚徒都会选择供认。我们把这种结果称为博弈的纳什平衡。

囚徒困境通常被看作是个人理性和集体理性矛盾的典型情形。因为在囚徒困境局势中，每个人都会根据自己的利益做出决策，但是最后的结果却是集体遭殃。

对此感兴趣的同学可以思考一下，囚徒困境真的是一个走不出的困境吗？

第十六章
做好时间管理，理清目标规划

▼

案例 1　家务活该如何规划才好？

经常做家务活的人都知道，家务活非常琐碎，但又不得不做。买菜、做饭、洗衣服、扫地、拖地、整理房间、烧水、修整花草、照顾宠物等，会占用不少的时间和精力。有些人对此缺乏经验，忙得焦头烂额，而有些人则处理得井井有条。

有一个名叫彭茜茜的大一新生，她的父母在她刚放暑假时都到外地出差去了，还没回来。因为家里面还有个读中学的妹妹和年迈的奶奶需要照顾，彭茜茜就一个人承担起了家务活。

完成各种家务活需要消耗的时间　　　　（单位：分钟）

事项	拖地	煮饭	烧水	洗衣服	买菜	炒菜	整理房间
时长	20	40	20	50	40	30	30

问题：

如果你是她，你将会怎样安排，才能够使所有的家务活在短时间内有效地完成？

商业逻辑与思辨　　121

案例 2　买房时应该怎么考虑？

一对结婚不久的夫妻经过共同的努力，终于攒够了买房所需的首付款。他们在高兴之余也有一些焦虑，毕竟买房对一个家庭来说是件大事。由于他们是第一次买房，感觉自己经验不足，于是他们就向父母、朋友、同事请教，同时也在网上浏览别人的帖子来学习经验。但是，他们请教、学习得越多，越觉得复杂，因为需要考虑的问题太多，除了要考虑房屋的价格、户型、朝向、楼层外，还要考虑房子的位置、附近的公共交通设施、周边的公共活动场地或公园绿地配套、教育设施、医疗设施、社区便民设施、周边商圈成熟度等。现在他们看中了好几个楼盘的房子，但对于最终的选择，小两口还是一时拿不定主意，他们有点犯愁了。

问题：

现在请你给他们提供建议，看怎么解决比较好？

术语解读：

项目时间管理：项目时间管理是项目管理的重要组成部分，它在本质上是一种对项目时间维度的管理方式。其管理方式主要分为 6 个阶段：活动定义、活动排序、活动资源包估算、活动工期估算、安排进度表、进度控制。

甘特图：又被称为横道图或者条状图，是由一位名叫甘特的管理者提出的科学管理方法。简单来说，甘特图就是将需要完成的任务和所需的时间通过进度条的形式展现出来，这样能够帮助管理者清晰地掌握进程，从而提升企业的运行效率。甘特图是现代企业项目管理领域运用最为广泛的一种图示。

多目标规划： 就是在多个目标下寻求最优解。在两个或更多冲突的目标之间存在取舍时，需要采取最优决策。

权重： 指某一因素或指标相对于某一事物的重要程度。与比重的概念不同，权重体现的不仅仅是某一因素或指标所占的百分比，更重要的是显示各因素或指标的相对重要程度，强调其不同的贡献度或重要性。

思考与练习：

1. 在生活和工作中，还有什么情况会用到项目时间管理？

2. 假设你是一位二手车业务员，正在接待一位来买车的女士。她想买一辆二手车用来每天上下班通勤使用。经过你的耐心询问，得知她有如下一些要求：价格要在 6—10 万元以内，国产车、合资车都可以接受，车已使用的年限为 2—4 年，颜色不能是黑色，要三厢车，空间越大越好，排量在 1.4 —2.0 升都可以，要自动挡，车没有严重的大修史。你手上满足这些条件的二手车有十几辆。为了协助这位女士买到她心仪的二手车，你应该怎么做？请运用本章所学到的知识来谈谈你接下来的工作思路。

扩展阅读：

网络计划技术

网络计划技术是指用于工程项目的计划与控制的一项管理技术。它的基本原理是利用网络图表示一项计划任务的进度安排和各项活动之间的相互关系；在此基础上进行网络分析，计算网络时间，确定关键路线；利用时差不断改进网络计划，求得工期、资源和成本的优化方案。网络计划技术主要适用于单件小批生产、新产品试制、设备维修、建筑工程等。其优点是能缩短工期、降低成本、提高效益。这里以完成某建筑施工项目的工序表为例，来说明网络计划技术的应用。

某建筑施工项目的工序表

工序名称	工序代号	所需时间（天）	紧后工作
设计	A	8	B
挖地基	B	20	C
打地基	C	10	D
主体工程	D	60	E、F、G
上顶	E	13	H
电路安装	F	15	H
管道安装	G	20	H
室内装潢	H	20	—

上表是某建筑施工项目的工序表，其中包含工序名称、代号、完成工序所需时间和紧后工作。我们可以根据这些条件绘制出建筑施工项目的网络图，找到其关键路线，最终确认完成整个项目所需的时间。

操作步骤：

第 1 步，根据建筑施工项目各项工序的紧后时间，绘制此项目网络图。

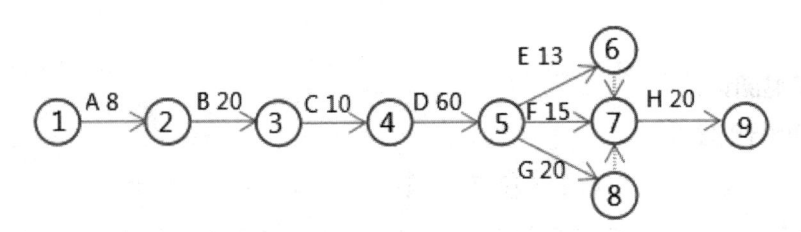

①—A 8—②—B 20—③—C 10—④—D 60—⑤
⑤—E 13—⑥
⑤—F 15—⑦
⑤—G 20—⑧
⑥⋯⋯⑦，⑧⋯⋯⑦
⑦—H 20—⑨

第 2 步，找到网络图中的关键路线。

根据网络图可以找到一条关键路线，也就是整个建筑施工项目的起点（序号 1）到终点（序号 9）之间的最长路径，其中序号 6 到 7 和序号 8 到 7 之间的虚线仅起连接作用，因此，从序号 1 到序号 9 之间的最长路径是 A—B—C—D—G—H，也就是说网络图中的关键路线，长度是 8+20+10+60+20+20=138，可知整个建筑施工需要持续 138 天。

参考文献

[1] Ai 天下. 华为出售荣耀：以退为进的战略布局, 网易网 [EB/OL].https://www.163.com/dy/article/FRQCQLO00511COJ9.html,2020-11-19.

[2] 博多·舍费尔. 小狗钱钱 [M]. 北京：中信出版社,2021.

[3] 槽叔. 你的第一本保险指南 [M]. 北京：中信出版社,2018.

[4] 成都事儿. 我在成都做民宿，亏得一塌糊涂 [OL]. https://www.chinaz.com/mobile/2017/0223/662410.shtml,2018-01-18.

[5] 戴晓霞. 应用运筹学 [M]. 北京：经济科学出版社,2018.

[6] 董志强. 身边的博弈 [M].3 版. 北京：机械工业出版社,2018.

[7] 富日记. 从麦当劳早餐咖啡的奇怪定价，看三个有趣的定价案例 [OL]. https://www.sohu.com/a/304586141_130072, 2019-03-29.

[8] 广州新闻电台. 曝光星巴克的中杯、大杯、超大杯的秘密！为什么你一直被套路 [OL]. https://www.sohu.com/a/307674192_120054502,2019-04-12.

[9] 郭国庆. 市场营销 [M]. 北京：中国人民大学出版社,2021.

[10] 韩红梅. 生活中的运筹学 [M]. 北京：电子工业出版社,2017.

[11] 贺超. 出租车司机月入几万 [OL].https://www.sohu.com/a/132458584_377305,2017-04-07.

[12] 何明渊. 管理的智慧——透过寓言看懂管理规律 [M]. 北京：金城出版社,2010.

[13] 季玉龙. 很有意思的海底捞文化，致信网 [EB/OL].http://www.mie168.com/human-resource/2014-02/361715.htm,2014-02-14.

[14] 加里·阿姆斯特朗, 菲利普·科特勒. 市场营销学 [M]. 北京：中国人民大学出版社,2020.

[15] 蒋文华. 博弈的思维看世界 [M]. 杭州：浙江大学出版社,2014.

[16] 侃见财经. 安然在前，瑞幸在后，财务造假永不消亡 [OL].https://xueqiu.com/2816989994/146067031.2020-04-04.

[17] 李英 , 王喜庆 . 市场营销实战 [M]. 北京：中国人民大学出版社 ,2021.

[18] 罗伯特·T. 清崎 . 富爸爸和穷爸爸 [M]. 成都：四川人民出版社 ,2019.

[19] 罗浩 . 这个全新的销售模式能让小米再创辉煌 [OL]. https://www.chinaz.com/mobile/2017/0223/662410.shtml,2017-02-23.

[20] 刘强 . 优化之道：生活中的运筹学思维 [M]. 北京：中国铁道出版社 ,2018.

[21] 刘润 . 五分钟商学院 [M]. 北京：中信出版社 ,2018.

[22] 柴乔彬 . 泡泡玛特：从杂货铺到盲盒龙头 [OL]. http://baiben.net/keji/64451.html, 2021-06-02.

[23] 容和平 . 小故事大管理 [M]. 太原：山西经济出版社 ,2009.

[24] 芮萌，谢淳 . 通威的绿色战略：从"授人以渔"到"渔光一体"，中欧国际工商学院网 [EB/OL]. https://cn.ceibs.edu/alumni-magazine/13961,2021-05-18.

[25] 王社民 . 管理基础与实务 [M]. 北京：北京理工大学出版社 ,2009.

[26] 吴小生 . 吴小生读财报 [OL].http://caifuhao.eastmoney.com/cfh/151682,2021-05-01.

[27] 未来智库 . 困境反转的典型案例之李宁公司深度解析，未来智库网 [EB/OL].https://www.vzkoo.com/news/1942.html,2019-11-14.

[28] 肖星 . 一本书读懂财报 [M]. 杭州：浙江大学出版社 .2019.

[29] 小明与小花 . 美国安然公司破产案始末 [OL].https://www.pinlue.com/article/2018/09/1614/437224114142.html.2018-09-01.

[30] 张亚 . 管理学——原理与实务 [M]. 北京：北京理工大学出版社 ,2009.

[31] 张岩松，徐文飞 . 市场营销：理论·案例·实训 [M]. 北京：清华大学出版社 ,2017.

[32] 周鸿祎 . 颠覆者：周鸿祎自传 [M]. 北京：北京联合出版公司 ,2017.

[33] 周文根 . 市场营销学 [M]. 北京：中国人民大学出版社 ,2020.

[34] Ariely D. *Predictably Irrational:The Forces That Shape Our Decisions*[M].New York:HarperCollins Publishers,2019.

[35] Armstrong G., Kotler P. *Marketing: An Introduction.* 13th ed.[M].London： Pearson Education Limited,2019.

[36] Clayton M. C. *The Innovator's Dilemma: When New Technologies Cause Great Firms to Fail* [M].New York： HighBridge Audio,2020.

[37] 菲利普·科特勒，加里·阿姆斯特朗 . 市场营销：原理与实践 [M]. 北京：中国人民大学出版社 ,2015.

后　记

▼

　　大数据、云计算、移动互联网、物联网以及人工智能等技术突飞猛进，一场数字革命正在全世界范围内风起云涌，开启了一个全新的智能时代。我们在谈论未来的时候，未来或许已经到来。面对席卷而来的未来浪潮，我们只有以变革的姿态迎接未来，决胜未来。未来似乎遥远，似乎很近，现在和未来的界限似乎已经模糊，我们一只脚留在现在，而另一只脚已经跨进未来，未来已来！

　　在数字化时代，时间轴大大缩短，企业寿命、产品生命周期、争夺用户的时间窗口都在以前所未有的速度缩短，断点、突变、不连续性、不确定性，使得商业环境和商业竞争从可预测变得不可预测。我们能做的是在不确定中寻找确定，在海量数据中挖掘有用的信息，寻找规律，厘清逻辑，凭借我们独特而强大的思辨，获得完美的解决方案！